Band 0366 Falken Bücherei

Gesund und fit durch
Gymnastik

von Hannelore Pilss-Samek

FALKEN-VERLAG ERICH SICKER KG · WIESBADEN

ISBN 3 8068 0366 8

Abbildungen und Fotos: Siegfried Pilss
Gesamtherstellung: H. G. Gachet & Co., 607 Langen/Hessen

8 7 6 5 4 3 2

Inhaltsverzeichnis

I. Es liegt in Ihrer Hand . . .

Springen wir mitten hinein in die Erfahrung: Die Verwirklichung unserer Wünsche liegt wesentlich in der Bereitschaft, sie selbst aktiv anzustreben. Wer wünscht sich nicht, jung, schlank, erfolgreich, beliebt und dazu auch gesund zu sein und zu bleiben? Das muß kein Zeichen von übertriebener Eitelkeit oder gar Unsicherheit sein. Im Gegenteil: Wer die Spannkraft besitzt, aus seinen Tagen das Beste zu machen, gehört zu jenen Menschen, die Sicherheit und Harmonie ausstrahlen. Ob das Ziel erreicht oder resigniert aufgegeben wird, ob man das Erreichte sich erhält oder es leichtfertig wieder verliert, liegt in unserer Hand. Dazu gehören Initiative und Konsequenz. Wir begnügen uns nicht allein mit Erfolg oder Schlanksein. Denn was nützt Erfolg allein, wenn wir dabei alt und grau werden? Wer möchte superschlank sein, ohne Jugendlichkeit zu besitzen, wer beliebt, aber kränklich? In jedem von uns steckt der Wunsch – ich möchte es eher Instinkt nennen –, sich am Leben zu erfreuen und das trotz aller Hochs und Tiefs, die von außen in unseren Alltag einstürmen. Daß sich unser Dasein dennoch einpendeln kann, kommt nicht von selbst, sondern setzt eigene Initiative und Konsequenz voraus. Betrachten wir aber gerade als großes Glück, es mitgestalten zu dürfen und dort Akzente setzen zu können, wo uns das besonders wichtig ist.
Eines jedoch steht fest: Nur wer seinen Körper bewußt erlebt und in allen Aktionen und Regungen das Ich-bin verspürt, wird kraftspendende Freude erleben und die notwendige Energie zur Verwirklichung jenes Ziels aufbringen können. Ein Weg zu solchem Körperbewußtsein aber ist: sinnvolle Gymnastik!

Soviel als Einladung zum Mitmachen!

1. Jung in jedem Alter

Warum wünscht man sich ewige Jugend? Weil damit die Vorstellung von Schönheit, Vitalität und Glück verbunden ist. Wer jedoch nur danach trachtet, äußerlich jung zu wirken, wird bald erfahren, daß seine Bemühungen im Sande verlaufen, denn:

Jungsein ist keine Frage des Alters, sondern der Ausstrahlung!

Mit 40 wie 25 auszusehen, ist heute dank der Kosmetik kein allzu großes Problem. Wahres Jungsein bedeutet, sich auch wie 25 zu *fühlen*, vital und aufgeschlossen zu sein. Jugendliches Aussehen *allein* ist trügerisch und daher nicht von Dauer. Mit solchem Scheinjungsein erreicht man allenfalls vorübergehende persönliche oder berufliche Erfolge, bei denen es nicht auf geistige und körperliche Aktionen ankommt. Ich kenne 25jährige „Alte“ und bezaubernde überraschend „Junge“ mit 50!
Jungsein – im umfassenden Sinne des Wortes – ist also keine Frage des Geburtsdatums, sondern des Gefühls, Empfindens, der Ausstrahlung. Bewegungsfreude und Sich-jung-fühlen gehören eng zusammen. Ohne Freude an der eigenen Beweglichkeit fühlt man sich müde und steif. Wer einen trägen Körper besitzt, kann nicht jugendlich wirken. Ich war immer wieder erstaunt, wie groß der Einfluß gymnastischer Übungen nicht nur auf den Körper, sondern auch aufs Gemüt ist. Häufig kamen deprimierte und unsichere Menschen in meine Kurse, die weitaus älter und verbrauchter aussahen, als sie tatsächlich waren. Bereits nach wenigen Stunden waren sie wie ausgewechselt: Kontaktfreudig, lebhaft, unternehmungslustig – positiv. Die neu gewonnene körperliche Aktivität verlieh ihnen Sicherheit und Spannkraft, löste Verkrampfungen von außen und innen. Natürlich ist dabei regelmäßiges Üben wichtig. Gymnastik muß vielseitig, abwechslungsreich und unterhaltend sein. Dieses Buch möchte zeigen:

Nicht aufs Jungsein kommt es letztlich an, sondern aufs JUNGBLEIBEN!

2. Schlanksein allein genügt nicht

Häufig wird mit allen Mitteln endlich das ideale Körpergewicht erreicht – und doch ist man nicht restlos zufrieden. Woran mag das liegen?
Vor allem gehört Beschwingtheit, Elastizität, Charme und Jugendfrische dazu, um sich in solchem Idealgewicht wohl zu fühlen. Wir können immer wieder beobachten, daß allzu magere Frauen oft unvorteilhaft, weil unweiblich aussehen und ihre Bewegungen unausgeglichen wirken. Bei heranwachsenden Kindern hält oft die Entwicklung der Muskeln nicht Schritt mit dem Wachstum des Körpers und eckige Bewegungen sind entsprechend zu werten; bei Erwachsenen aber kann und sollte solche Dissonanz vermieden werden.
Mit jeder Gewichtsabnahme sollte zugleich ein gezieltes Körpertraining erfolgen, um alle Muskeln und Gelenke elastisch und straff zu erhalten. Abmagern allein verhilft nicht zu einer schönen Linie! Die Muskeln würden nicht nur dünn, sondern auch schlaff werden. Gymnastik ist in Verbindung mit richtiger Ernährung das sicherste Mittel, eine schlanke, elastische Figur zu erhalten und zu bewahren. Was würden 5 kg Gewichtsverlust nützen, wenn man dabei kränklich, müde und grau aussähe und die nervliche Energie erschöpft wäre? Oberstes Gebot ist also: Gymnastik, Ernährung und Bewegung an frischer Luft! Nur so wird ausreichend für Nervenkraft und jugendfrisches Aussehen gesorgt. Denn wie gesagt, Schlanksein allein genügt nicht, wenn es an anmutiger Bewegung und schöner Körperhaltung fehlt! Magere Menschen neigen zum Rundrücken oder zum Hängenlassen der Schultern. Solche lässige Haltung kann Hohlkreuz, eine häßliche Brustlinie, schlaffe Bauchmuskulatur und vor allem ungenügende Atmung bewirken – Nachteile (um nicht Schäden zu sagen), die niemand auf sich nehmen dürfte. Wenn *Schlanksein* eine gewisse *Garantie für Schönheit und Gesundheit* bedeutet, sollte jeder darauf achten, diese Schlankheit auf vernünftige Weise zu erreichen und zu erhalten.

3. Erfolgreich kann jede Frau sein

Der „sicherste Weg“ zum Erfolg wird oft beschrieben – in Abhandlungen mit umfangreichen, aber auch kurzen, prägnanten, mitunter humorvollen Bemerkungen wie etwa: „Am schnellsten kommt man auf dem Steckenpferd des Chefs zum Ziel“. Oder: „Man kann niemanden überholen, wenn man andauernd nur in dessen Fußstapfen tritt“. In Griechenland heißt es: „Man muß nicht unbedingt das Licht des anderen ausblasen, um das eigene leuchten zu lassen“.

Alle Weisheiten wollen letzten Endes sagen, daß Erfolg nur gewinnt, wer unbeirrt eine Linie verfolgt, auch wenn kleine Windungen und Kurven den Weg etwas verlängern. Von Erfolg kann nur dann gesprochen werden, wenn es sich um eine „Folge“, ein Sich-Weiter-Entwickeln handelt.

Was aber hat der Begriff Erfolg in einem Buch zu suchen, das zu Gymnastik anregen soll? – Tatsächlich wirkt Gymnastik indirekt auf den Erfolg! Wer sich durchsetzen muß – und welche Frau muß das im Berufsleben nicht? –, verantwortungsvolle Aufgaben erfüllen will und dabei Frau bleiben möchte, braucht Entspannung, Ausgleich, Energiereserven. Im Kapitel für Berufstätige wird darauf zurückzukommen sein.

Immer wieder ist die simple Frage zu hören: Wozu braucht eine Frau „Erfolge“? Ich kann darauf nur eine subjektive Antwort geben: Weil sie geistig und körperlich dazu geschaffen ist! Weil sie ein Bildungsniveau erreicht hat, das früher nur dem Manne möglich war. Weil es selbstverständlich ist, daß sie auch ihr Wissen und Können erfolgreich wirken lassen möchte. Und nicht zuletzt: Weil jede Frau nur in der Vielfalt ihrer Aufgaben froh wird. Freilich sollte es eine Tätigkeit sein, die Freude macht und nicht die letzte Energie raubt, vielmehr zur Kraftquelle wird, den Alltag mit Freude und Schwung zu bewältigen.

Erfolg stärkt das Selbstbewußtsein und gibt das Gefühl, etwas geleistet zu haben, gebraucht zu werden. Dieses Gefühl macht ausgeglichen, ruhig, zufrieden. Dabei müssen es keine großen Erfolge sein, über die alle Welt spricht, auch die anderen sind unendlich wertvoll. Ich wünsche Ihnen einige davon!

4. Beliebt, weil ausgeglichen, selbstsicher, anziehend

Beliebtsein kann man nicht erlernen. Doch sollte man öfters tun, was andere erfreut und lassen, was verärgern könnte. Allerdings ist man zumeist nicht wegen eines „Pluspunktes“ beliebt, sondern zufolge einer Summe von Eigenschaften, die auf andere wirkt. Boshafte, selbstherrliche, engstirnige und komplizierte Leute können nicht beliebt sein, weil sie das Zusammenleben erschweren und kollegiale Arbeit verhindern. Tatsächlich gibt es Menschen, die stolz darauf sind, unbeliebt zu sein. In ihrer Überheblichkeit werden sie in der Regel grenzenlos einsam.

In meinen Gymnastikkursen ist zu beobachten, daß Unbeliebte zunächst größte Kontaktschwierigkeiten haben. Die Ursache liegt in ihnen selbst! Sie werden nur deshalb nicht spontan aufgenommen, weil sie in sich abgekapselt, selbstgefällig und letzten Endes verkrampft leben. In der Gemeinsamkeit des Übens schwindet dann so manche Voreingenommenheit. Die Freude an der eigenen Leistung und Beweglichkeit entwickelt sich, macht aufgeschlossen, mitteilsam und bereit, den anderen mit seinen Schwächen und Vorzügen anzuerkennen.

Überall ist zu beobachten, daß aktive Menschen auch Freunde haben. Menschen, die bewußt Körperschulung betreiben – sei es Gymnastik oder eine andere Sportart – stehen niemals abseits. „Bewegte“ Menschen haben es im Leben leichter und sind imstande, ihr Leben besser zu gestalten. Machen Sie sich diese Erkenntnis zunutze und beginnen Sie – endlich – mit GYMNASTIK!

II. Atmen Sie richtig!

Ist Luftholen ein Problem? Kann man richtig oder falsch atmen? Zweifellos! Wenn nach einem kurzen Lauf oder Treppensteigen das Herz bis zum Halse klopft und man förmlich nach Luft schnappen muß, wurde nicht ausreichend, nicht tief genug geatmet, vor allem aber wurde die Bewegung nicht sinnvoll mit der Atmung koordiniert.

Wer am Tag viel sitzt, atmet unbewußt nur oberflächlich und kommt scheinbar mit einem Minimum an Sauerstoff aus, ermüdet aber schnell, Konzentration und auch Arbeitsfreude lassen merklich nach. Man kann durchaus behaupten:

Wer richtig atmet, bewegt sich richtig!
Wer richtig atmet, hat mehr vom Leben!

Unser Wohlbefinden ist abhängig von der Atmung. Sauerstoff bildet die Hauptnahrung der Zellen. Auch die Nervenzellen brauchen Sauerstoff, um gesund funktionieren zu können. Wer also nur oberflächlich atmet, verfällt körperlich und geistig lange vor der Zeit, altert bereits mit jungen Jahren.

Richtige Atmung ist somit die *Grundlage jeder Gesundheits- und Schönheitspflege, jedes Körpertrainings!*

1. Wichtige Tips für den Anfang

Wie atmet man richtig? Wie erlernt man es am schnellsten?

- Mit der Ausatmung beginnen, dann durch die Nase einatmen.
- Die Phase des Ausatmens betonen, am Anfang bewußt und sogar hörbar durchführen.
- Auch jede Übung so beginnen, daß zuerst ausgeatmet wird, um ausreichend Platz für Frischluftzufuhr zu schaffen.
- Jeweils beim Spannungsmoment eines Bewegungsablaufs *ausatmen!* Fast jede Übung besteht aus Phasen der Spannung und der Entspannung. Zum Beispiel: Beinheben ist Spannung, das heißt ausatmen!

- Gleichförmig verlaufende Bewegungen – zum Beispiel Gehen oder Laufen – erfordern einen bestimmten Atemrhythmus, etwa 5 Schritte aus- und 4 Schritte einatmen (Ausatmen betonen!).
- Beim Ausatmen Bauch einziehen, ohne die Schultern zu heben. Beim Einatmen wölbt sich der Bauch vor; Körpermuskeln lockern.

2. Atmungs-Test

Auf dem Rücken liegend versuchen mit Armschwung zum Sitzen hochzukommen. Wer im Moment des Aufsitzens einatmet oder gar die Luft anhält, verhindert die Spannung der Bauchmuskeln, wird also kaum oder nur mit Mühe hochkommen. Wer dagegen in der Spannungsphase des Aufsitzens ausatmet, verbindet Atmung und Bewegung richtig. Er wird nicht nur müheloser zum Sitzen hochschnellen, sondern diese Übung auch oft und gern durchführen. Damit bewirkt er nicht nur eine Straffung der Bauchmuskeln, sondern tankt auch ein Maximum an Sauerstoff.
Richtig atmen will gelernt sein! Konzentrieren Sie sich bei den folgenden Übungen bewußt auf die Phase des Ausatmens. Bald wird unbewußt jede Bewegung mit der Atmung sinnvoll verbunden sein.

3. Atemübungen

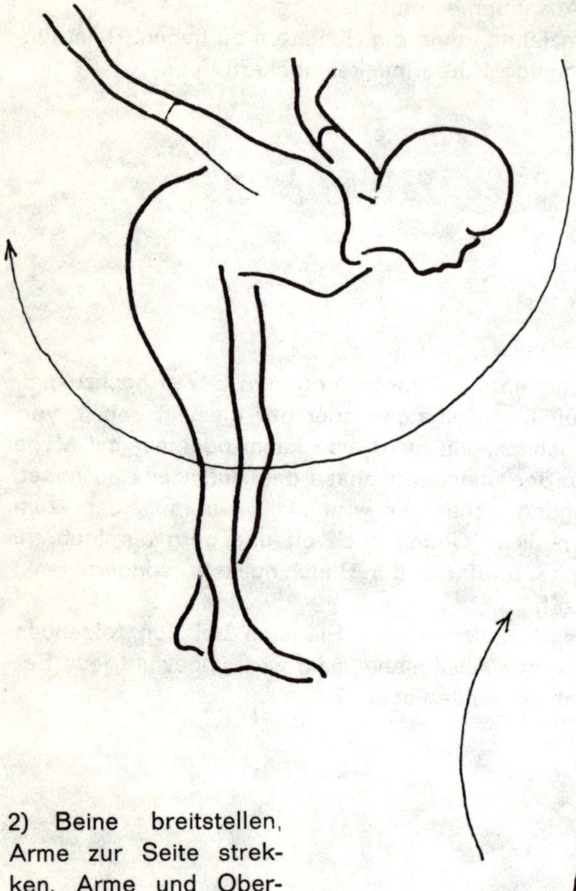

1) Aufrecht stehen, Arme hochhalten. Im Vorneigen Arme neben den Beinen weit nach hinten ausschwingen, leicht in die Knie gehen, *ausatmen!*
Danach wieder ganz bis zur Streckung aufrichten und während des Hochkommens tief einatmen. Übung 6 bis 8mal wiederholen.

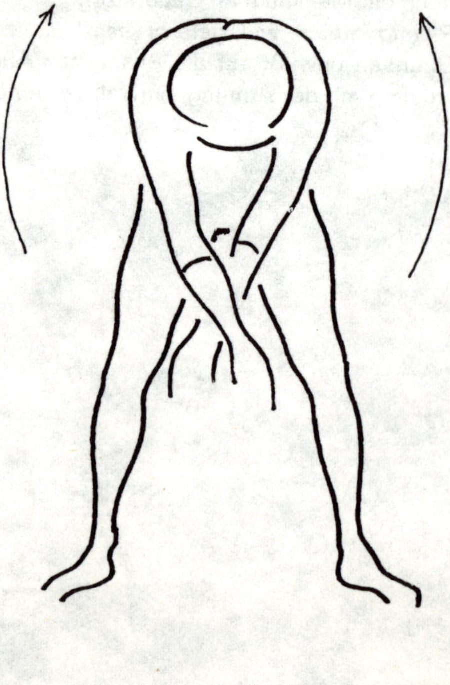

2) Beine breitstellen, Arme zur Seite strekken. Arme und Oberkörper vorfallen lassen, dabei in den Knien leicht nachgeben, Rükken rund machen, *anhaltend ausatmen!*
Dann erst langsam wieder aufrichten, Arme anheben, Kopf heben, einatmen. Übung einige Male wiederholen.

3) Auf dem Rücken liegen, die Füße nahe zum Becken stellen, Arme liegen neben dem Körper. Durch Spannen von Sitz- und Bauchmuskeln das Becken hochdrücken. Oben verharren bis zur restlosen Ausatmung. Langsam senken und während der Entspannung einatmen. Übung 4 bis 6mal wiederholen.

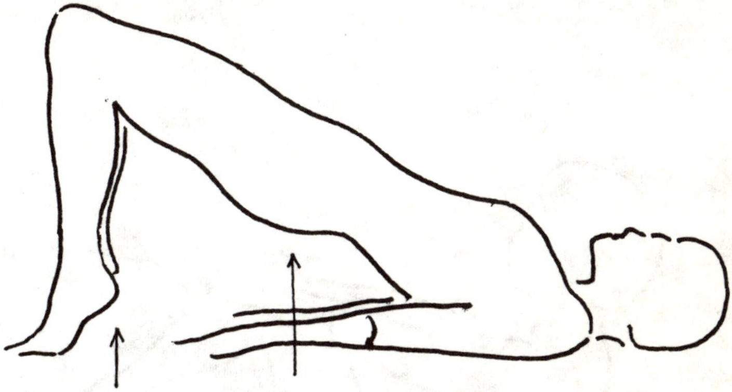

4) Kniestand. Hände zur Bankstellung auf den Boden stützen, Arme und Beine gleich belasten. Bauch- und Sitzmuskeln spannen und dadurch das Kreuz nach oben drücken; *ausatmen,* dabei den Kopf senken und den Atem zu den Beinen blasen. Kopf heben, Kreuz durchhängen lassen, einatmen. Phase des Ausatmens durch Hineinschnellen des Bauches betonen! Übung 8mal ausführen.

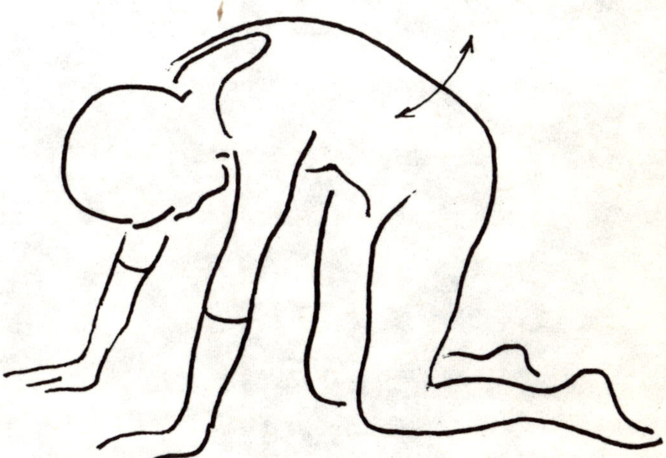

5) In Rückenlage vollkommen ausstrecken. Arme vorschwingen und ein Knie anbeugen, sich am Knie festhalten, Kopf und Schultern heben, nicht ganz bis zum Sitzen hochkommen, *ausatmen*! Langsam wieder zurücklegen, Beine strecken, Arme über den Kopf legen, tief einatmen. Jeweils beim folgenden Aufrichten das andere Bein festhalten. Übung mit jedem Knie 4mal ausführen.

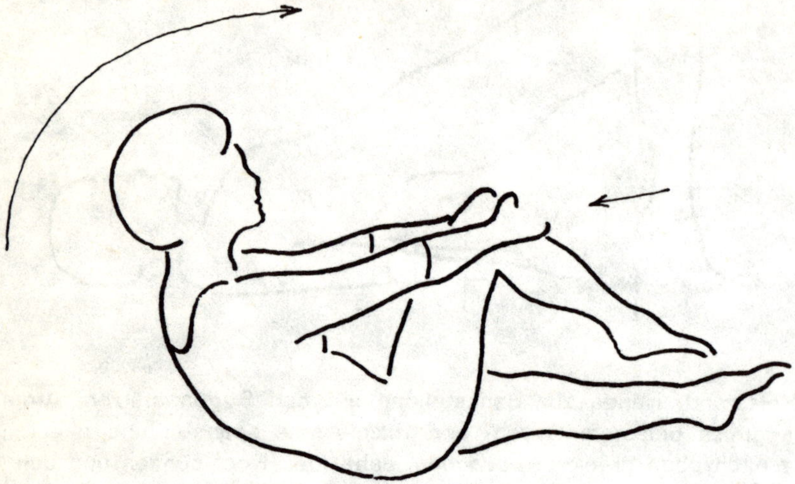

III. Gymnastik à la carte

Sinnvoll und gezielt für die 10 kritischen Punkte Ihrer Linie

1. Wichtige Tips

- Jede Übungsfolge – ob nur 3 oder 7 Übungen gemacht werden – mit einer belebenden Schwungübung beginnen. Dazu zum Beispiel eine leichte Atemübung aus dem vorigen Kapitel auswählen.
- Für Frischluft und ausreichend Platz sorgen. Nur dann macht es Spaß. Man ermüdet nicht so schnell und kann sich mehr auf die Bewegung, auf sich selbst konzentrieren.
- Beengende Kleider oder Gürtel ablegen. Nur bei viel Bewegungsfreiheit kann man gründlich durchatmen und alle Muskeln aktivieren.
- Nie mit vollem Magen üben. Ein voller Bauch studiert nicht gern, auch Gymnastik ist ihm unzuträglich.
- Wenn möglich auf einem weichen Teppich barfuß üben.
- Nicht übertreiben! Es genügen 5 Übungen, wenn sie exakt absolviert werden. Dabei kommt es nicht aufs Tempo an, sondern auf richtigen Bewegungsablauf und Ausdauer. Wer zu schnell ist, übt oberflächlich und gerät außer Atem.
- Jede Übung mindestens 8mal wiederholen. Nur dann kann sich eine Wirkung zeigen, die Erfolg bringt.
- Gymnastik darf kein zwingendes Muß, sondern soll eine willkommene Abwechslung sein, die zum Tagesablauf gehört.
- Gymnastik ist Mittel zum Zweck! Man soll sich also nicht verausgaben, sondern anschließend mit frischem Schwung im Alltag weitermachen.
- Trotz Muskelkater am folgenden Tag weiterüben; nur so verschwindet er schnell, wobei ein heißes Bad und etwas Selbstmassage helfen können.
- Der wichtigste Tip bleibt: Bei jeder Übung auf richtige Atmung achten!

2. Schöne Haltung

Halten wir fest: Haltung und Tiefatmung sind voneinander abhängig, stehen in engster Verbindung. Wer gebückt sitzt oder geht, kann nur mangelhaft atmen. Wer den Wert der richtigen Atmung für Gesundheit und Schönheit erkannt hat, wird bewußt bei guter Körperhaltung üben und sie sich auch sonst zur Gewohnheit machen.
Eine schöne Haltung wirkt entspannt und selbstverständlich. Sie zeigt sich vollkommen in der Bewegung. Sie wird niemals ein „Brust heraus – Bauch hinein" demonstrieren, sondern elastisch und beschwingt sein. Sie ist fast wichtiger als ein „Idealgewicht", verhilft zu Jugendlichkeit und Vitalität, zu Selbstsicherheit und Anmut.
Schöne Körperhaltung beginnt nicht bei den Schultern, wie oft angenommen wird, sondern schon bei der Fußstellung und bei der Beckenhaltung. Schlaffe Bauchmuskeln gehören ebenso wenig dazu wie ein Hohlkreuz. Eine wirklich schöne Haltung „verläuft" also durch den ganzen Körper: von den Zehenspitzen bis zum Scheitel!

Tips für den Alltag

Aus dem *Sitzen* hin und wieder extrem aufrichten. Kopf heben und zur Decke schauen, dabei Ellbogen nach hinten drücken. Eine gute Haltung ist nie ermüdend; vielmehr werden straffe Rückenmuskeln zur besten Stütze! Lassen Sie sie also „arbeiten".
Im Stehen Hände hinterm Becken verschränken und kräftig nach hinten ziehen, mindestens 3 Sekunden. Anschließend entspannen. Wiederholen!

1) Mit geschlossenen Beinen stehen. Den rechten Arm hochschwingen, zweimal nach hinten federn, dabei den Rücken vollständig strecken; einatmen. Denselben Arm vorschwingen und weit nach hinten auspendeln lassen, dabei locker in die Knie gehen; ausatmen. 4mal mit jedem Arm üben, anschließend 4mal mit beiden Armen zugleich. Beim Aufrichten Kopf heben.

2) Beine im Grätschstand auseinanderstellen. Rechte Hand einstützen. Linken Arm in hohem Bogen über den Kopf nach rechts schwingen, dabei einatmen. Nach links neigen, zweimal zum linken Fuß federn; ausatmen. Die Beine bleiben stets gestreckt. Übung 4mal wiederholen, dann Richtungswechsel, d. h. linke Hand einstützen, rechten Arm schwingen.

3) Grätschstand, linke Hand einstützen. Mit Rechtswendung des Oberkörpers den rechten Arm zweimal weit nach hinten federn, dabei einatmen. Dann wieder vorschwingen und zum linken Fuß tiefgreifen; ausatmen. Übung 4mal wiederholen, dann Richtungswechsel, d. h. rechte Hand einstützen, linken Arm in Schulterhöhe weit nach hinten federn.

4) In Bauchlage vollkommen entspannt hinlegen. Mit Armen und Beinen plötzlich wegschnellen. Arme wie im „Flug" ausbreiten, Kopf heben, einatmen. Dann wieder zurück senken in die Entspannung, ausatmen. Möglichst 2 bis 3 Sekunden in Hochspannung verharren. Die Arme sollen weit nach hinten schwingen.

3. Elastische Taille

Wer rund um die Mitte beweglich ist, besitzt Schwung und Sicherheit in allen Bewegungen. Was nützt eine dünne Taille, wenn sie steif und hölzern wirkt? Jede gezielte Schlankheitskur sollte durch Gymnastik ergänzt werden. Schlaffe Muskeln und eine starre Taille werden dadurch vermieden und somit die Gefahr des neuerlichen Dickerwerdens. Selbst wer etwas mollig ist, kann mit einer beweglichen Mitte schlanker wirken als ein dünner Mensch mit steifer Taille. Es ist also für jeden Menschen nur von Vorteil, für Elastizität zu sorgen: Schlank und elastisch rund um die Taille bringt mehr Erfolg und damit auch mehr Freude, gleichgültig, welche Sportart man bevorzugt.

Tips für den Alltag

Bewegung zwischendurch

Im Sitzen: Hin und wieder im Seitenneigen zum Boden greifen, als ob man etwas aufheben wollte. Oder den Oberkörper mit Schwung nach hinten drehen. Wechseln Sie dabei die Richtungen!

Im Stehen: Mit der Hand am Bein entlang nach unten gleiten. Oder im Stehen mit dem Rücken zum Schreibtisch den Oberkörper nach hinten drehen. Nach etwa 3 Sekunden aufrichten und Seite wechseln.

1) Beine auseinanderstellen, Arme hochheben. Oberkörper seitlich neigen und zweimal nach rechts federn, dabei ausatmen; zweimal nach links neigen, einatmen. 4 bis 6mal wiederholen. Zwischendurch zur Entspannung den Oberkörper locker vorfallen lassen. Übung wiederholen. Die Arme sollen extrem weit vom Körper gestreckt werden!

2) Im Kniestand aufrecht halten und Arme hochschwingen. Rechts neben die Beine auf den Boden setzen und Arme zur linken Seite senken, dabei ausatmen. Mit viel Armschwung wieder zur Streckung hochkommen, einatmen. Anschließend zur linken Seite hinsetzen, dabei in der Taille beweglich nachgeben. Falls am Anfang nötig, beim Hochschnellen mit einer Hand vom Boden abstoßen.

3) Aus Kniestellung zusammengekauert und entspannt tief nach vorn senken. Mit Schwung aufrichten, Becken heben, linkes Bein zur Seite stellen und den rechten Arm schwungvoll über den Kopf nach links heben, linke Hand schwebt über dem linken Bein; dabei Linksneigung des Oberkörpers, einatmen. In Ausgangsstellung zurückfallen, Entspannung, ausatmen. Übung mit Seitenwechsel wiederholen (4mal nach jeder Richtung).

4) Im Sitzen Beine anziehen, Füße stehen nahe beim Becken, Hände schräg hinten auf den Boden stützen. Knie geschlossen nach rechts und nach links zum Boden fallenlassen, hörbar aufklatschen und sehr elastisch rund um die Taille nachgeben. Diese Übung gilt auch als Massage der Sitzfläche. Mindestens 10mal hin und her rollen.

4. Straffer Bauch

Ein besonders kritischer Punkt sind die Fettpolster in der Magen- und Bauchgegend, daher ist die Festigung der Bauchmuskelpartie besonders wichtig. Jung und schlank sein ist nur ohne Bäuchlein möglich! Es wurde schon gesagt, daß Hungern allein nicht genügt, denn man will ja nicht schlaff, sondern schlank werden.
Aber nicht nur der schlanken Linie zuliebe muß zur Festigung der Bauchmuskeln geübt werden, sondern auch und vor allem *im Interesse Ihrer Gesundheit*! Solches „Muskelmieder" gibt dem Becken Halt und verhindert ein häßliches Hohlkreuz, hilft also gegen Kreuzschmerzen. Straffe Bauchmuskeln stärken auch das Stehvermögen, was für Berufstätige wichtig sein kann. Außerdem helfen sie die „Last" während einer Schwangerschaft tragen und garantieren nach der Entbindung die frühere schlanke Figur. Gymnastik der Bauchmuskeln hilft außerdem bei Verdauungsbeschwerden. Nicht zuletzt sieht man ohne Bauch jünger aus und fühlt sich schöner. Beginnen Sie also lieber heute als morgen mit einem intensiven Training!

Tips für den Alltag

Im Sitzen oder *Stehen* sogenanntes Bauchschnellen machen, d. h. den Bauch bewußt einziehen, 2 oder 3 Sekunden in Spannung verharren, dann wieder lockerlassen.
Bewußte Selbstkontrolle *beim Stehen*: Bauch nicht vorfallen lassen, sondern Bauch und Sitzfläche einziehen!

1) In Rückenlage Arme in Verlängerung des Körpers weit über den Kopf ausstrecken und auf den Boden legen. Mit Armschwung zum Sitzen aufrichten, zugleich ein Bein anziehen und sich daran festhalten; ausatmen. Langsam wieder zur Streckung senken; einatmen. Bewußt, betont ausatmen, um so leichter kommen Sie hoch. Übung wechselseitig 6 bis 8mal wiederholen.

2) Beine zum Grätschsitz auseinanderstrecken, Arme seitlich in Schulterhöhe. Beine heben, zweimal übereinander kreuzen – im Wechsel mal das linke, mal das rechte oben –, dabei Beine bis in die Fußspitzen anspannen. Anschließend im Grätschsitz vorneigen und mit den Händen zweimal bis zu den Füßen vorfedern. Entspannen. Beim Beinheben gut das Gleichgewicht bewahren und Beine beherrscht senken, nicht einfach fallenlassen. Übung 8mal wiederholen.

3) Aus der Rückenlage mit viel Armschwung aufrichten, zugleich das linke Bein gestreckt hochschwingen, hinter dem Bein in die Hände klatschen, ausatmen. Langsam zum Liegen senken, entspannen, einatmen. Übung wechselseitig wiederholen. Jedes Bein 4mal anheben. Während des Aufrichtens bewußt ausatmen.

4) Rückenlage einnehmen zum „Radfahren". Bei 6 Beinbewegungen flach liegen, bei den folgenden 6 fast zum Sitz aufrichten, danach folgen wiederum 6 Strampelbewegungen in Rückenlage. Beim Aufrichten jeweils ausatmen, das erleichtert das Hochkommen. Man kann auch nach 4 Bewegungen aus dem Liegen zum Sitzen und wieder zurück wechseln. Übung eine Weile durchhalten.

5. Schlanke Hüften

Die moderne sportlich-elegante Linie fordert schlanke Hüften. Weil Beruf und die Lebensweise unserer Zeit in vielen Fällen anhaltendes Sitzen erfordern, sollte die Bewegungsarmut während der Freizeit ausgeglichen werden. Dafür folgen mancherlei Anregungen in diesem Buch, wie z. B. Tips zum Familiensport Waldlaufen („Trimm dich") oder zur Strandgymnastik.

Tips für den Alltag

Rollen Sie sich schlank! Verbinden Sie Gymnastik mit einfachem Hin- und Herrollen auf dem Boden auf einem nicht zu weichen Teppich. Dabei wird die Hüftpartie gezielt durchblutet und die Fettpolster werden abgebaut. Natürlich gehört eine sinnvolle Ernährung dazu, wenn man rund um die Hüften schlank bleiben oder schlanker werden möchte.
Die Rollübungen dienen zugleich der Beweglichkeit von Taille und Beinen, darum sollte man jeden Tag wenigstens eine Rollübung machen.

1) Rückenlage. Die Arme bleiben bei den folgenden 4 Übungen in Schulterhöhe ausgebreitet liegen, Handflächen zum Boden. Beine senkrecht hochstrecken, dabei ausatmen, Knie beugen und geschlossen links zum Boden senken; einatmen. Beine wieder hochstrecken und anschließend nach rechts senken. Das Hin- und Herrollen massiert die Hüftpartie, das Hochstrecken der Beine trainiert die Bauchmuskeln.

2) Die Beine bleiben in allen Phasen gestreckt. Durch Spannen der Sitzmuskeln das Becken nach links und nach rechts rollen, 10mal wiederholen. Zwischendurch Kreuz entspannen, d. h. Beine vorübergehend anziehen. Übung wiederholen. Je mehr die Beine gespannt werden, um so leichter fällt die Drehung, beherrscht man die Beckenbewegung und erreicht zudem eine schöne Hüftstreckung.

3) Mit gestreckten Beinen liegen. Rechtes Knie anwinkeln und zum linken Ellbogen drücken, dabei ausatmen. Wieder zurückrollen in die Streckung, einatmen. Anschließend linkes Knie zum rechten Ellbogen hochziehen, Übung wiederholen; um die Hüftpartie rollen, ohne die Hände vom Boden zu heben. Übung 4mal beidseitig ausführen.

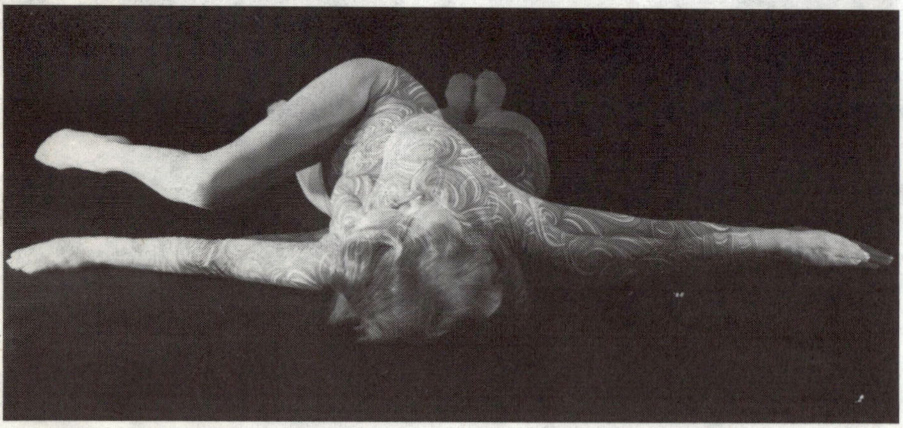

4) „Radschlagen“: Beine senkrecht hochstrecken, übereinanderschwingen und nach links senken, wieder hochheben und zur rechten Seite legen. Jeweils im Moment der Spannung ausatmen, also beim Anheben der Beine. Diese Übung strafft auch die Bauchmuskeln. Es ist nicht ganz leicht, sie zu beherrschen.

6. Feste Sitzfläche

Zu den ersten Alterserscheinungen zählt man neben steifen Knien auch eine schlaffe Sitzfläche. Mit Selbstkritik und gesundem Körperbewußtsein prüfe man daher immer wieder deren Festigkeit. Besonders ungünstig wirkt sich vieles Sitzen und wenig Bewegung aus. Deshalb folgen hier einige

Tips für den Alltag

Wiederholt im Laufe des Tages aufstehen, um langanhaltendes Sitzen zu vermeiden. Hin und wieder durch Muskelspannen die Sitzfläche trainieren, beschäftigen – auch im Büro. Daheim mit beiden Händen die betreffenden Muskeln durchkneten und mit einer trockenen Bürste massieren – am besten zweimal täglich.

1) Im Sitzen die Beine vorstrecken. Nach rechts rollen, dabei auf die rechte Hand stützen, Becken betont vordrücken, linken Arm locker hochschwingen. Auf die andere Seite wechseln, linke Hand aufstützen, rechten Arm hochschwingen. Bewußt Bauch- und Sitzmuskeln in der Extremphase spannen und einziehen. 8 bis 10 mal hin und her rollen.

2) In Rückenlage Arme weit über den Kopf strecken, Beine nahe beim Bekken aufstellen. Durch Spannen der Sitzfläche Becken anheben und zugleich ein Bein hochstrecken, dabei ausatmen. Wieder senken und tief einatmen. Übung im Beinwechsel wiederholen. Mit jedem Bein 4mal üben, Zehenspitzen hochstrecken, Bein spannen.

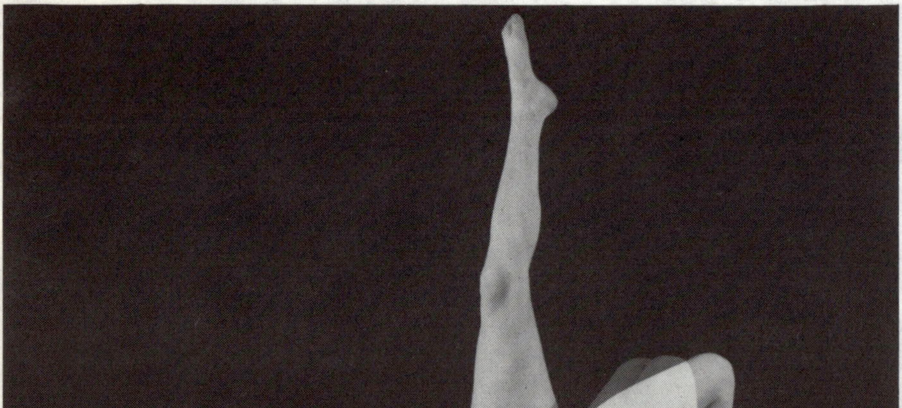

3) Im Kniestand Hände zur Bankstellung aufstützen, linkes Bein strecken, Fußspitze berührt den Boden. Das gestreckte Bein hochschwingen, durch Spannung der Sitzmuskeln anheben und zweimal noch höher federn, langsam zum Boden senken, wobei die Beinspannung bleiben muß. Übung 4mal wiederholen. Anschließend auf beiden Beinen kniend sich klein zusammenrollen, um das Kreuz zu entspannen. Danach Übung mit dem rechten gestreckten Bein 4mal ausführen.

4) In Bauchlage Arme vorstrecken. Beine abwechselnd gestreckt anheben und langsam wieder senken. 10mal im Wechsel. Danach möglichst auch beide Beine gleichzeitig anheben und ein Weilchen – 2 bis 3 Sekunden – in der Luft halten, bevor sie zur Entspannung gesenkt werden. Beim Beinheben Kopf aufrichten, beim Senken Nacken entspannen.

7. Fort mit dem Hohlkreuz

Hohlkreuz ist eine unschöne Beckenstellung, oft selbstverschuldet. Aus Lässigkeit, aber auch zufolge Muskelschwäche sackt das Becken nach hinten bzw. der obere Rand nach vorn, das Becken wird vorgeschoben. Solche Haltung macht aus einem schlanken Körper ein Fragezeichen, eine sonst schöne Figur wirkt unvorteilhaft und verkrampft. Weil Bauch- und Sitzmuskeln verantwortlich für die Beckenstellung sind und deren Schwäche Hohlkreuz, steifes Kreuz und Kreuzschmerzen verursacht, sind entsprechende Übungen besonders wichtig.

Tips für den Alltag

Beim Stehen ab und zu bewußt die Muskeln spannen, um ein Wegsacken des Beckens nach hinten zu vermeiden. Wenn die Beckenstellung korrigiert und die Muskeln trainiert werden, strafft das zugleich die Bauchmuskeln. Vor- und Zurückkippen des Beckens sorgt für Beweglichkeit im Kreuz. Solche Kippbewegung kann sowohl in der Rückenlage als auch im Sitzen und Stehen täglich mehrmals geübt werden. Dabei ist die Bewegungsphase der Spannung, also das Einziehen der Muskeln, betont durchzuführen.

1) In Rückenlage Füße nahe beim Becken aufstellen, Arme in Verlängerung des Körpers nach oben legen. Rechtes Knie anheben und zugleich Arme vorschwingen, Kopf und Schultern heben, Stirn aufs Knie drücken; ausatmen. Danach rechten Fuß wieder auf den Boden stellen, Arme zurückschwingen; einatmen. Achtung: Beim Aufrichten und Ausatmen das Kreuz zum Boden pressen, beim Liegen lockern. Übung beidseitig ausführen, jedes Bein 4mal heben.

2) Die gleiche Ausgangsstellung einnehmen, Füße nahe am Becken. Arme bleiben liegen, Beine hochstrecken, über den Kopf senken, also auch das Becken anheben; ausatmen. Beine langsam wieder senken, Füße auf den Boden stellen. Entspannen. Jeweils beim Heben der Beine ausatmen. Übung 8mal wiederholen.

3) Im Kniestand Hände aufstützen. Kopf senken, Arme durchdrücken und zugleich mit dem Becken 2mal bis zu den Fersen federn, dabei das Kreuz entspannen; ausatmen. Körpergewicht vorschieben, auf die Arme stützen und Körper vollkommen strecken; Kopf heben, einatmen. Betont wird die Ausatmungsphase des Nachhinten-federns, bei der das Kreuz entspannt wird. Übung 6 bis 8mal mit viel Schwung ausführen.

4) Im Sitzen Beine vorstrecken. Beine anbeugen und mit den Händen festhalten. Weit nach hinten abrollen und wieder zum Sitzen hochrollen. Beine vorstrecken und Oberkörper zweimal zu den Füßen vorfedern. Übung mehrmals wiederholen und ganz bewußt Wirbel für Wirbel abrollen, das Hohlkreuz „ausbügeln".

8. Schlanke Oberschenkel

Die Veranlagung zu dicken Oberschenkeln kann vererbt sein. Konsequentes Üben vermag jedoch manches zu verbessern und zu korrigieren. Bewegungsmangel dagegen verschlimmert.

Tips für den Alltag

Tägliche Selbstbehandlung

Muskeln massieren, abklopfen, tiefgreifend durchkneten, besonders an den Innenseiten der Oberschenkel. Auch Bürstenmassage ist nützlich. Es sollte stete Gewohnheit sein, nach dem Bad – wenn die Muskeln warm sind – *Selbstmassage* durchzuführen, damit die Fettpolster nicht zur Ruhe kommen. Eine Besserung kann aber nicht von heute auf morgen erfolgen. Gymnastik, viel Freizeitsport (z. B. Schwimmen und Waldlaufen) in Verbindung mit richtiger Ernährung führen zum Ziel.

1) Aufrecht stehen mit geschlossenen Beinen, Arme 2mal hoch und zurück federn, dabei in den Zehenstand hochschnellen. Danach entspannt in tiefe Kniebeuge fallen, Hände auf den Boden stützen und 2mal locker unten nachschwingen. Beim Hochstrecken einatmen, beim Tieffedern ausatmen, dabei Kopf und Schultern hängenlassen. Übung 8mal wiederholen.

2) In Hockstellung Hände auf den Boden stützen. Mit rundem Rücken 2mal locker federn, danach das Becken etwas anheben, linkes Bein nach hinten strecken, Kopf heben, Rücken strecken und 2mal federn. Beine schließen, nachwippen. Beim nächsten Mal dann das rechte Bein nach hinten strecken. Übung mehrmals wiederholen.

3) Im Grätschsitz 2mal mit den Händen zu den Füßen vorfedern, danach Beine gestreckt anheben und schließen. Sowohl beim Vorfedern als auch beim Beinanheben ausatmen, also zwischendurch einatmen. Übung 8mal wiederholen. Sie strafft auch die Bauchmuskeln, besonders aber die Innenseiten der Oberschenkel.

4) Rückenlage. Arme in Schulterhöhe ausbreiten, Hände bleiben auf dem Boden. Beine senkrecht hochstrecken, dann abwechselnd kreuzen und weit öffnen (grätschen). Beim Kreuzen jeweils ausatmen, beim Öffnen einatmen. Übung wenigstens 10mal ausführen, danach die Beine abstellen, Bein- und Bauchmuskeln entspannen. Erneut üben.

9. Bewegliche Beine

Flinke Beine sind gesund und schön. Elastische Knie und lockeres Schwingen aus dem Hüftgelenk sorgen für einen schönen Gang. Die beste Körperhaltung wirkt wenig anmutig, wenn die Beine wie Stelzen bewegt werden. Wenden wir uns also den Beinmuskeln und -gelenken, dem Training der Waden zu. Wichtig ist vor allem die Elastizität in Hüft- und Kniegelenken.

Die Beine sind ständig großen Belastungen ausgesetzt. Nicht nur langes Stehen überfordern sie, sondern auch anhaltendes Sitzen, weil die Kante der Sitzfläche von unten gegen die Oberschenkel drückt. Aber auch schlechte Schuhe können Krampfzustände in den Beinen verursachen.

Steife Knie behindern Sport und Training, Laufen und Tanzen; sie nehmen die Freude und Sicherheit an der eigenen Bewegung. Vorbeugende Pflege verhilft dazu, auch in späteren Jahren elastisch-beschwingt durchs Leben zu gehen.

Tips für den Alltag

- Gehen ist auch in der Großstadt in jedem Fall besser als langes Stehen im Bus oder selbst im Auto zu fahren.
- Treppauf und treppab gehen oder laufen strafft die Beine und kräftigt die Kniegelenke.
- Müde Beine für kurze Zeit hochlegen – je höher um so besser; so verschwinden Stauungen rasch.
- Beine im Sitzen nicht um die Stuhlbeine schlingen, sondern hin und wieder vorstrecken, schütteln und bewegen. Auch das Übereinanderschlagen hemmt die Zirkulation.

1) Stehen mit geschlossenen Beinen, Oberkörper hängen lassen, entspannen. Energisch aufrichten, Arme seitlich hochschwingen und zugleich rechtes Bein zur Seite heben. Zurückfallen in die Ausgangsstellung. Übung mit dem linken Bein wiederholen. Jedes Bein wenigstens 4mal hochschwingen. Das Gleichgewicht halten.

2) Stehen mit geschlossenen Beinen, Arme locker vorhalten. Rechtes Bein mit angewinkeltem Knie hochziehen und sogleich nach hinten schwingen, wobei der Fuß flüchtig den Boden berührt. Übung 4mal wiederholen und ebenso exakt mit dem linken Bein ausführen. Beim Vorheben jeweils ausatmen, beim Zurückstrecken mit geradem Rücken einatmen.

3) In Rückenlage Hände unter den Kopf legen, Beine anwinkeln, ohne mit den Füßen den Boden zu berühren. Beide Unterschenkel senkrecht hochschleudern und gegen die Oberschenkel zurückfallen lassen. Das Hochschleudern bewußt üben und sehr elastisch in den Knien nachgeben. Übung 10mal ausführen. Füße auf den Boden stellen, entspannen und anschließend noch 10mal üben – in doppeltem Tempo.

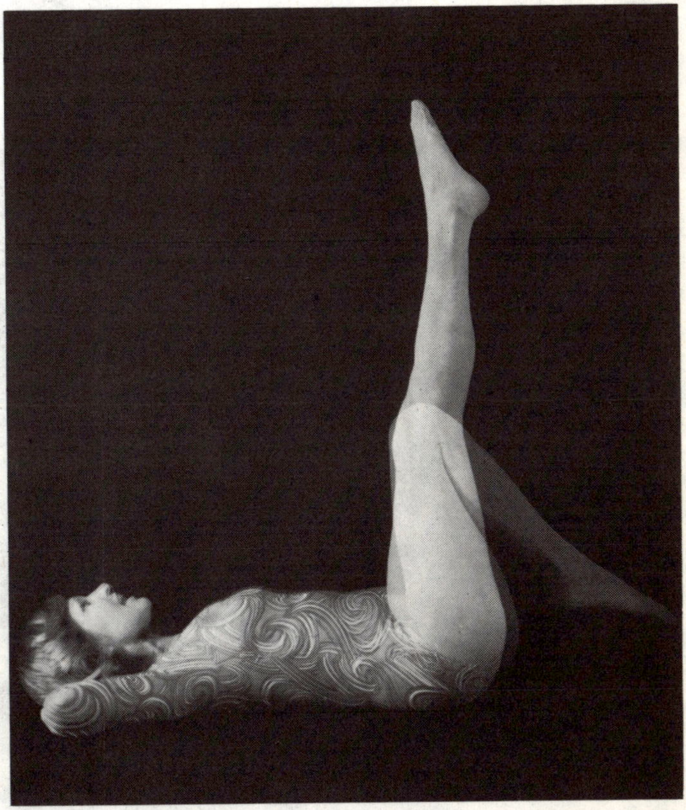

4) Im Kniestand Hände zur Bankstellung vorn auf den Boden stützen. Linkes Bein gestreckt nach links vorschwingen, weit nach hinten schleudern und über das kniende Bein strecken. Kopf folgt der Bewegungsrichtung. Beim seitlichen Vorschwingen ausatmen, beim Zurückkreuzen einatmen. Übung 4mal wiederholen, dann Beinwechsel.

10. Gesunde Füße

Nachlässigkeit in der Fußpflege kann zu argen Fußbeschwerden oder -leiden führen. Unsicherheit im Fußgelenk, Kraftlosigkeit in den Zehen verursachen Stolpern, Taumeln, häßliches Gehen. Oft ist ein ungeeigneter Schuh schuld und bewirkt neben Fußschmerzen auch noch falsche Beckenstellung, runden Rücken oder schiefe Haltung. Muß das sein?

Tips für den Alltag

- Verwöhnen Sie Ihre Füße durch Wechselbäder, Massage und Einreibungen. Tragen Sie nur geeignete Schuhe – es gibt unter den modischen viele davon. Oft barfuß gehen, über Rasen oder weichen Sand laufen! Wöchentliche Pediküre.
- Schuhe und Strümpfe mindestens täglich einmal wechseln.
- Für jeden Zweck die dafür geeigneten Schuhe anziehen: Bergwandern erfordert Halt rund um die Knöchel, Laufen Sicherheit auf den Sohlen, Gymnastik Bewegungsfreiheit für die Zehen.
- Täglich etwas Gutes für die Füße tun!

1) Mit Schwung rechtes Knie nach links anheben und zugleich Arme in Gegenbewegung nach rechts schwingen. In den Zehenstand hochschnellen, zwei kleine Zwischenschritte auf der Stelle machen und sofort linkes Knie nach rechts hoch heben, die Arme wiederum entgegengesetzt. Temperamentvolle können beim Knieheben auch in die Höhe hüpfen! Nach jeder Seite mindestens 4mal üben.

2) Bei geschlossenen Beinen Oberkörper weit vorneigen und vorn in die Hände klatschen. Beim Aufrichten zugleich die Knie und Becken vordrücken, Fersen anheben und hinter dem Rücken in die Hände klatschen. Beim Vordrücken des Beckens mit Fersenheben die Bauch- und Sitzmuskeln spannen, Zehen fest auf den Boden drücken. 8mal vor und zurück schaukeln.

3) Hände auf die Hüften stützen, rechte Ferse schräg vor dem linken Bein auftippen und zurücknehmen, danach mit linker Ferse vor dem rechten Bein. Fuß dabei extrem aufstellen, Zehen nach oben kippen, im Standbein leicht nachgeben. 10mal hin und her tippen, elastisch den ganzen Körper mitschwingen lassen.

4) In Rückenlage Hände unter den Kopf legen, Beine senkrecht hochhalten und Fußspitzen strecken. Fersen nach oben und Zehen nach unten drücken, dabei die Beine etwas in Richtung Oberkörper kippen und ausatmen. Fußspitzen strecken, Beine senkrecht halten; einatmen. Übung 10mal wiederholen.

11. Schöne Brustlinie

Dieses weibliche Attribut ist oft Sorgenkind oder gar Ursache von Minderwertigkeitskomplexen. Entweder ist die Brust zu groß oder zu klein, ungleich entwickelt oder ohne Festigkeit, zu schwer usw. Nicht allein die Beschaffenheit der Drüsen ist ausschlaggebend für eine schöne Brustlinie, sondern auch die Körperhaltung, die Straffheit der Brustmuskeln. Sie brauchen Gelegenheit, aktiv sein zu können. Hier kann Gymnastik helfen und zur Besserung führen. Gezieltes Üben vermag Alterserscheinungen lange hinauszuzögern.

Tips für den Alltag

Gezielte Brustpflege

- Jeden Morgen mit kaltem Wasserstrahl duschen! Falls keine Dusche vorhanden, Brust über dem Waschbecken von unten her mit kaltem Wasser besprühen. Beides regt die Blutzirkulation an und strafft das Gewebe.
- Massiert wird nur der Brustmuskel, also jener Muskel, der von der Achsel zur Brust führt. Dabei mit der rechten Hand den linken Muskel tiefgreifend durchkneten, ebenso umgekehrt.
- Korsagen engen ein, der Muskel kann nicht aktiv sein. Man sollte sie jeweils nur kurze Zeit tragen.
- Zu unbewußten Festigungsübungen gehören übrigens Fensterputzen und Tennisspielen.
- Auch gute Körperhaltung dient der Brustlinie. „Brust heraus" ist in diesem Falle also richtig.

1) Stehen mit geschlossenen Beinen. Hände von hinten auf die Hüften stützen. Leicht zurückbeugen und Ellbogen extrem nach hinten drücken, Kopf in den Nacken hängenlassen; einatmen. Oberkörper aufrichten, Arme vorschwingen, Handflächen aneinanderdrücken; ausatmen. Das Zurückbeugen korrigiert die für die Brustlinie so wichtige Haltung, das Aneinanderdrücken der Hände festigt den Brustmuskel. Übung 8 bis 10mal wiederholen.

2) Im Knien, Stehen oder Sitzen Arme zweimal hoch und weit nach hinten federn, Rücken strecken; einatmen. Arme in die Waagerechte senken und zugleich Fäuste ballen, Bauch- und Sitzmuskeln anspannen; ausatmen. Daumen der Fäuste nicht unter die Finger klemmen, sonst gelingt das Zusammendrükken nicht! Übung 10mal energisch wiederholen mit Betonung Phase des Zusammendrückens.

3) In Bauchlage Hände unterhalb der Schultern auf den Boden stützen. Oberkörper hochdrücken, Kopf heben, Arme strecken; einatmen. Beine bleiben geschlossen liegen. Entspannung in Ausgangsstellung; ausatmen. Übung 8mal ausführen. Als Variante kann man während des Hochdrückens den Kopf zur Seite wenden und abwechselnd über die linke bzw. rechte Schulter schauen.

4) Im Sitzen Beine vorstrecken. Nach links umfallen, dabei Hände auf den Boden stützen und zugleich rechtes Bein nach hinten hochschwingen. Abstoßen, Sitzhaltung und anschließend zur rechten Seite umfallen. Übung jeweils 4mal mit viel Schwung und gestreckten Beinen ausführen.

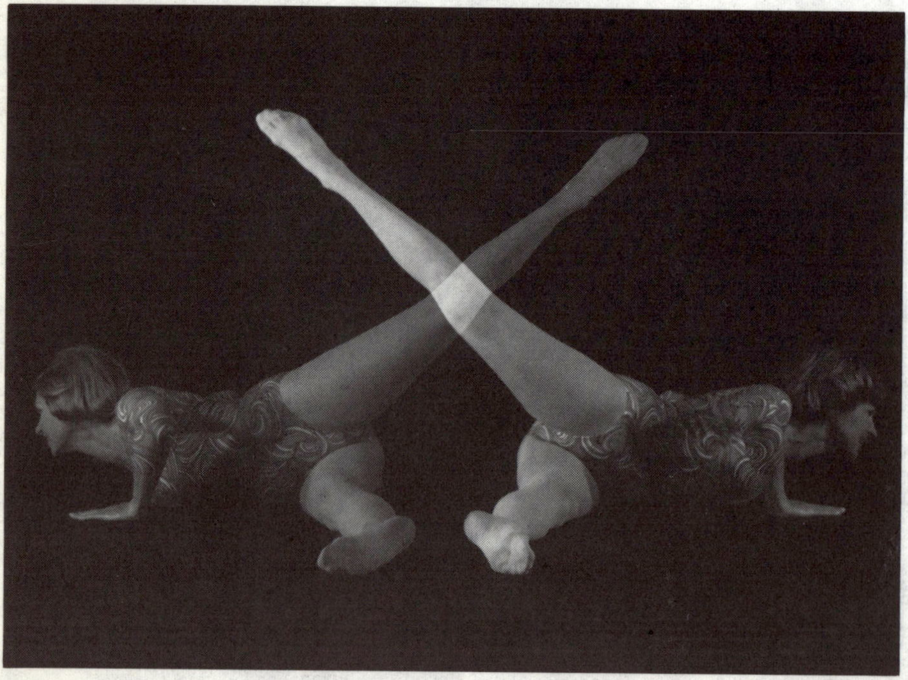

IV. Guten Morgen - durch Gymnastik

Der Sinn des Morgenturnens wird häufig mißverstanden.

Wichtig: Nicht aus dem Bett springen, um sofort mit zehn anstrengenden Kniebeugen den Tag zu beginnen! Wie ein vernünftiger Autofahrer nicht mit „kaltem" Motor auf Vollgas fährt, soll auch der Organismus nicht schonungslos auf Touren gebracht werden. Zehn Kniebeugen entsprechen aber einer Vollgasbeanspruchung für Herz und Kreislauf, was nur von Schaden sein kann. Falsches Verhalten löst Mißstimmung und Unbehagen aus, wird zur Ursache, gar nicht erst weiter zu machen.

Tips: Den Wecker ein paar Minuten früher klingeln lassen, sich wohlig dehnen und strecken, zehn tiefe Atemzüge machen, langsam aus den Federn steigen - und mit ein paar leichten Schwungübungen - möglichst bei offemen Fenster - den Tag beginnen. Morgenturnen ist kein Fitnesstraining für Leistungssportler! Gymnastik sofort nach dem Aufstehen hat allein den Sinn, sich völlig *wach zu turnen, wach zu atmen.* Gezielte Gymnastik braucht Zeit, Ruhe und Aufmerksamkeit - und gerade das haben wir frühmorgens am wenigsten.
Verzichten Sie dennoch nicht auf die morgendlichen Schwungübungen. Sie gehören zur Körperpflege einer klugen Frau!

Schwungvoller Start in den Tag: Wachatmen – Wachturnen

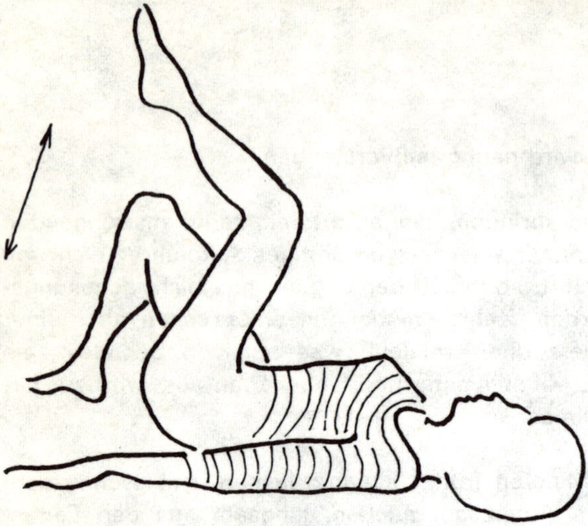

1) *Vor* dem Aufstehen: Zudecke mit den Füßen wegschleudern. Einen Unterschenkel senkrecht hochschwingen und gegen den Oberschenkel zurückfallen lassen. Es bringt Leben in die Beine, wenn man 10mal mit jedem Bein übt. Danach aufstehen.

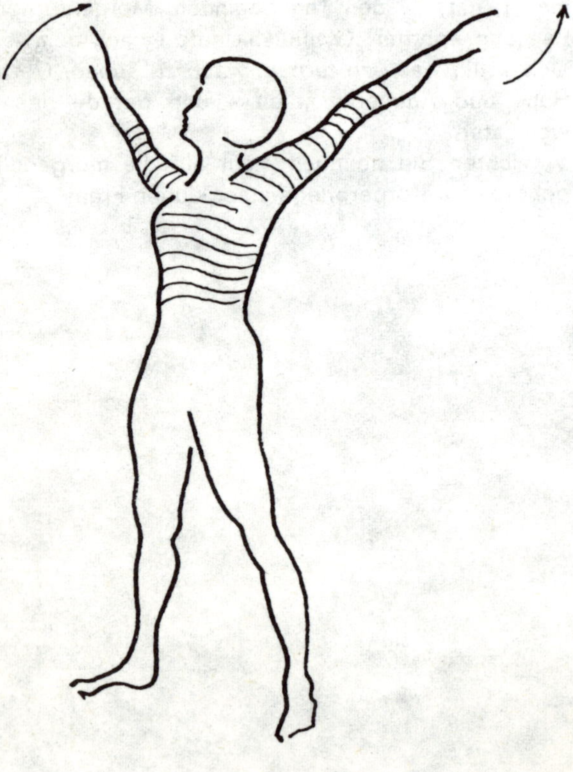

2) Im Stehen mit ausgebreiteten Beinen die Arme seitlich hochschwingen, dabei den Körper ganz aufrichten; einatmen. Vorneigen, Arme vor Körper bzw. Unterschenkeln kreuzen; ausatmen. Nach vier Schwüngen lebhaft die Arme 2mal hoch- und zurückfedern, anschließend 2mal mit den Händen zu den Füßen. Die Übung 4mal wiederholen.

3) Im Grätschstand linke Hand auf Hüfte stützen, mit rechter Hand 2mal zum rechten Fuß tieffedern, Beine bleiben stets gestreckt; ausatmen. Aufrichten, rechten Arm hochschwingen; einatmen. Übung 4mal wiederholen, dann zur anderen Seite üben.

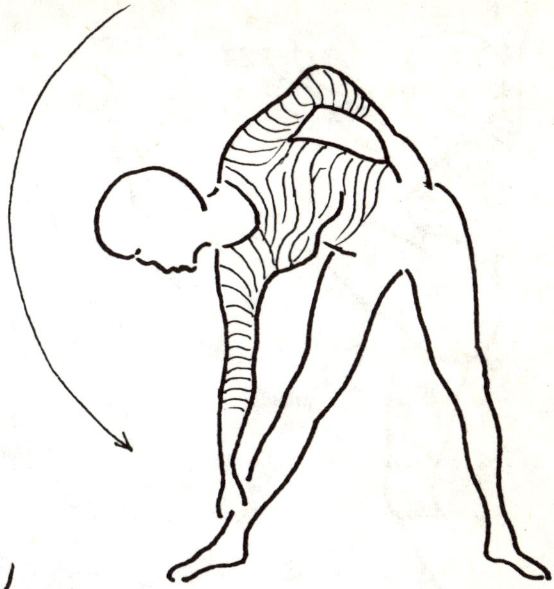

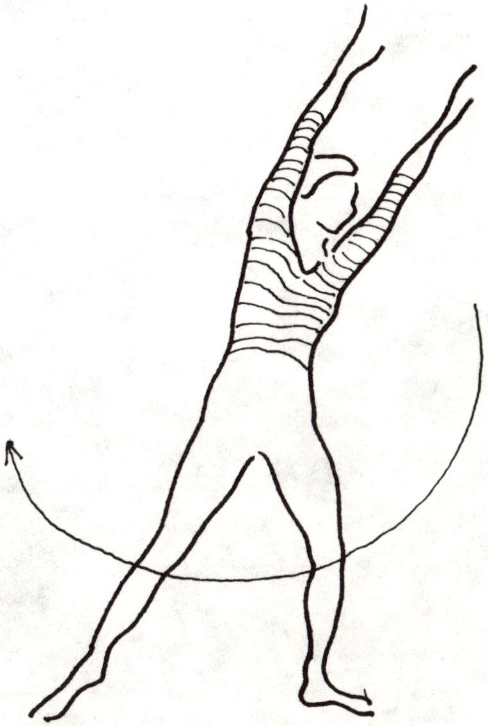

4) Im Grätschstand Oberkörper entspannt tiefhängen lassen. Dann große Rumpfkreise in beide Richtungen ausführen. Tief unten jedesmal die Kreisrichtung wechseln. Beim Vorneigen ausatmen, während des Aufrichtens einatmen. Nach jeder Seite 4 Kreise schwingen, dabei in den Knien lokker nachgeben.

5) Aus dem Stand erst das rechte, dann das linke Bein mit Schwung vorn hochschleudern, Arme seitlich schwingen. Zwischen jedem Beinschwung zwei kleine Schritte auf der Stelle machen, um Schwung für's andere Bein zu holen. Beim Beinheben jeweils ausatmen, während der Zwischenschritte einatmen.

Übung 8mal wiederholen.

V. Wochenplan für Eilige

1. Täglich nur 5 Minuten

Nützlich ist ein „Fahrplan" für jene, die jeden Tag höchstens 5 Minuten Zeit für Gymnastik haben, aber dennoch von Kopf bis Fuß sinnvoll üben möchten.

Dafür soll eine Übungsfolge bestehen aus

- großer, belebender Schwungübung mit Tiefatmung –
- gezielter Übung für Bauch, Kreuz, Knie usw. –
- einer Totalübung für die Elastizität.

Auch eine Schlankheitsdiät-Woche kann mit diesem kurzen Gymnastik-Wochenplan ergänzt werden. Man wird dann nicht nur schlank, sondern auch straff und elastisch und macht eine Diätwoche zum vollen Erfolg!

2. Übungen für Montag bis Sonntag

Montag

1) Im Grätschstand aufrecht stehen. Knie bleiben während der Übung gestreckt. Mit rechter Hand 2mal zum linken Fuß tieffedern, dabei ausatmen. Zur vollen Körperstreckung aufrichten, Arme hoch über dem Kopf 2mal nach hinten federn; einatmen. Anschließend linke Hand zum rechten Fuß tieffedern. Nach jeder Seite 4mal üben.

2) *Übung speziell für die Bauchmuskeln:*

Im Sitzen die Hände schräg hinten auf den Boden stützen. Beine gestreckt heben und langsam beherrscht wieder senken. *Beim Beinheben ausatmen,* dann kommen die Beine leichter hoch, dabei den Oberkörper etwas nach hinten neigen. Übung 4 bis 6mal wiederholen.

3) Aus Stand mit geschlossenen Beinen in tiefe Kniebeuge fallen, Hände auf den Boden stützen, unten 2mal nachfedern, dabei ausatmen. Zum Stehen hochschnellen, kurz über dem Kopf in die Hände klatschen, Kopf heben; einatmen. Übung 8 bis 10mal wiederholen.

Dienstag

1) Stand mit geschlossenen Beinen, Arme hochstrecken. Im Tiefschwung beide Arme weit nach hinten schleudern, dabei leicht in die Knie gehen; ausatmen, Rücken rund machen. Im Gegenschwung wieder zur Streckung aufrichten, Arme heben; einatmen. Tiefschwung mit Ausatmen betonen! Übung 8mal wiederholen.

2) *Übung speziell für's Kreuz, auch zur Hüftstreckung:*
Im Knien Hände zur Bankstellung vorn auf den Boden stützen. Abwechselnd rechtes und linkes Bein nach hinten zur Streckung hochschwingen. Beim Hochschwingen zugleich den Kopf heben; einatmen. Beim Knien auf beiden Beinen Bauch einziehen; ausatmen. Je 8 Beinschwünge ausführen.

3) Im Sitzen Beine vorstrecken. Mit Schwung weit nach hinten abrollen, Arme flach auf dem Boden, Beine über dem Kopf strecken, möglichst mit den Zehen den Boden berühren; ausatmen. Beim Sitzen Rücken wieder aufrichten; einatmen. 6 oder 8mal weit nach hinten rollen.

Mittwoch

1) Im Grätschstand linke Hand auf Hüfte stützen, rechten Arm in hohem Bogen über den Kopf nach links schwingen, zugleich seitneigen und links 2mal tieffedern; einatmen. Danach aufrichten und mit der rechten Hand 2mal zum rechten Fuß tieffedern; ausatmen. Übung 4mal wiederholen, dann zur anderen Seite ebenfalls 4mal üben.

2) *Übung speziell für Hüftpartie und Sitzfläche:*
Aus Sitz mit vorgestreckten Beinen nach rechts rollen, auf rechte Hand stützen, linken Arm hochschwingen; einatmen. Zum Sitzen zurückrollen und mit den Händen 2mal zu den Füßen vorfedern; ausatmen. Anschließend nach links rollen, auf linke Hand stützen, rechten Arm hochschwingen; einatmen. 10mal beidseitig rollen.

3) In Bauchlage gestreckt liegen und entspannen. Rechten Unterschenkel hochschlagen und zugleich mit dem rechten Arm nach hinten schwingen, Fuß 2 – 3 Sekunden festhalten, dann zur Streckung in Bauchlage senken. 4mal nach jeder Seite üben, beim Rückgreifen jeweils einatmen.

Donnerstag

1) Aufrechter Stand mit geschlossenen Beinen, Oberkörper vorneigen und zugleich rechtes Bein nach hinten hochschwingen, Arme ausbreiten, Gleichgewicht gut halten; ausatmen. Langsam aufrichten, Beine schließen, Arme heben; einatmen. Oberkörper vorneigen und mit linkem Bein Übung wiederholen. Beidseitig 4mal üben.

2) *Übung speziell für die Taille:*

Im Knien Arme hochstrecken, nicht auf den Fersen sitzen. Wechselweise erst rechts, dann links neben die Beine auf den Boden setzen, Arme pendeln im Gegenschwung in Schulterhöhe hin und her. Im Sitz links schwingen die Arme nach rechts und umgekehrt! Übung jeweils 4mal ausführen.

3) In Bauchlage entspannt und gestreckt liegen. Plötzlich mit Armen und Beinen hochschnellen, Unterschenkel anwinkeln, Füße einfangen, 3 Sekunden festhalten, Kopf nach oben. In Ausgangslage zurücksenken; entspannen. Mit viel Schwung Übung 4 bis 6mal wiederholen.

Freitag

Übungen mit Stock oder langem Schirm:

1) Stand mit geschlossenen Beinen, Knie bleiben stets durchgestreckt. 2mal tief bis zum Boden federn, dabei ausatmen. Danach ganz aufrichten, Stock 2mal hoch über dem Kopf weit nach hinten federn, Kopf heben; einatmen. 8mal energisch tieffedern.

2) *Übung speziell für die Haltung:*
In Bauchlage Stock an den Enden festhalten, Arme liegen zurückgestreckt. Mit Schwung Arme und Beine anheben, Stock in Richtung Kopf; einatmen und Hochspannung halten. Langsam zurücksinken in Ausgangslage; entspannen. Übung 6mal ausführen und allmählich den Stock höher schwingen.

3) Stand mit geschlossenen Füßen, Stock waagerecht hinter den Oberschenkeln halten. Arme im Vorneigen hochschwingen und zugleich ein Knie nach vorn heben; ausatmen. In Ausgangsstellung Oberkörper wieder aufrichten, Arme senken; einatmen. Übung beidseitig 8mal ausführen.

Samstag

1) Im Grätschstand Oberkörper entspannt nach unten hängenlassen, Stock an den Enden festhalten. Zur linken Seite aufrichten, über die rechte Seite wieder nach unten fallen und sogleich Richtungswechsel! Beim Aufrichten einatmen, beim Tiefschwung ausatmen. Nach jeder Richtung mit 4 Kreisen üben.

2) *Übung speziell für die Oberschenkel:*
Im Knien das Becken vordrücken, nicht auf den Fersen sitzen. Mit Rechtswendung nach hinten neigen – möglichst mit rechter Hand den Fuß berühren. Wieder aufrichten und Stock zu den Oberschenkeln senken. Beim nächsten Rückwärtsneigen nach links wenden – dabei muß eine Spannung an den Oberschenkeln spürbar sein. Übung 8mal ausführen.

3) Im aufrechten Stand Stock hochhalten. Beim Vorsenken zugleich rechtes Bein heben und über den Stock bringen, ohne mit dem Fuß den Boden zu berühren – also Gleichgewicht halten. Danach das Bein wieder zurückstellen, Arme heben; einatmen. Beim Vorneigen bzw. Beinheben ausatmen. Übung 4mal ausführen und mit dem linken Bein wiederholen.

Sonntag

Mit einem beliebigen *kleinen Kissen* kann eine besonders schwungvolle Sonntagsgymnastik beginnen:

1) Beine breitstellen, Kissen von links nach rechts und wieder zurück durchschwingen. Körpergewicht dabei von einem Bein zum anderen verlegen. Weit zur Seite neigen, das Kissen am höchsten Punkt etwas werfen, loslassen und 10mal durchschwingen.

2) *Übung speziell zur Bewegungsfreude:*
Sitzen mit langgestreckten Beinen, in der rechten Hand das Kissen. Beine anheben und das Kissen darunter schnell in die linke Hand abgeben. Beine senken. Zur anderen Seite wiederholen. Beim Heben der Beine ausatmen; einatmen beim Herabsenken, wenn die Bauchmuskeln entspannen. Übung 10mal hin und her ausführen.

3) Aufrechter Stand mit geschlossenen Beinen. Im Vorneigen rechtes Bein hochschwingen und Kissen hinter dem Standbein von einer Hand in die andere abgeben. Aufrichten in Ausgangsstellung, Arme heben. Vorneigen und linkes Bein hochschwingen, Kissen abgeben. Beim Vorneigen jeweils ausatmen, beim Aufrichten den Rücken strecken und einatmen. Kissen unter jedem Bein 4mal wechseln.

VI. Ich bin berufstätig

Jeder Beruf bringt eine gewisse körperliche Belastung mit sich, die aber durch richtiges Verhalten abgeschwächt werden kann. Weder anhaltendes Stillsitzen noch ständiges Stehenmüssen erhält das Wohlbefinden. Müde Füße oder Kreuzschmerzen können aber kaum die Arbeitsfreude steigern. Meist ist man dann froh, wieder einen Arbeitstag hinter sich gebracht zu haben. Mit solcher Einstellung wird der Beruf zur Fronarbeit, die Erfolg und Begeisterung verhindert. Dabei ist für jede Berufstätigkeit die Freude daran ungemein wichtig.

Jeder kann die körperliche Belastung in Grenzen halten, wenn er rechtzeitig für Kondition, das heißt für sinnvollen Ausgleich sorgt. *Kondition für den Beruf* erreicht, wer Muskeln und Gelenke, den ganzen Organismus auf die Anforderungen vorbereitet, *sinnvollen Ausgleich* findet er in Entspannung und Bewegung. Niemand möchte durch die Berufsarbeit überfordert oder gar aufgerieben werden; schaffe er selbst das Gegengewicht!

Gerade die Frau sollte nicht auf die Chance verzichten, die verbleibende Freizeit sinnvoll zu gestalten. Je größer die Belastung im Beruf, um so wichtiger ist ein *richtiger Einsatz der Kräfte,* der geistigen und körperlichen Energie.

Jede Frau möchte gepflegt aussehen, besonders im Beruf wird das von ihr erwartet. Gymnastik, Massage, Sauna, Kosmetik und Haarpflege gehören selbstverständlich zur Schönheitspflege. Wie die täglich wiederkehrende körperliche Belastung noch leichter bewältigt werden kann, davon wird in der Folge die Rede sein.

1. Stehen

Richtig:
Beide Beine gleichmäßig belasten, Füße nebeneinander stellen. *Knie* zwar strecken, aber nicht durchdrücken. *Bauch-* und *Sitzmuskeln* leicht spannen, um dem Becken Halt zu geben. Das verhindert Hohlkreuzbildung.
Schultern entspannen, ohne daß sie vorfallen.
Arme locker hängenlassen, *Kopf* heben (kein Doppelkinn machen). Aufrecht stehen ohne verkrampfte Haltung.

Falsch:
Wenn das Becken seitlich wegkippt durch Belasten nur eines Beines; wenn Becken und damit Bauch sich vorschieben; wenn man die Arme verschränkt. Falsch ist weiter ein Nach-hinten-Kippen des Beckens und damit Hohlkreuzhaltung; einwärts oder auswärts gestellte Füße; mit hängendem oder leidendseitgeneigtem Kopf dastehen; knieweich und wankend.

Ausgleichsübungen

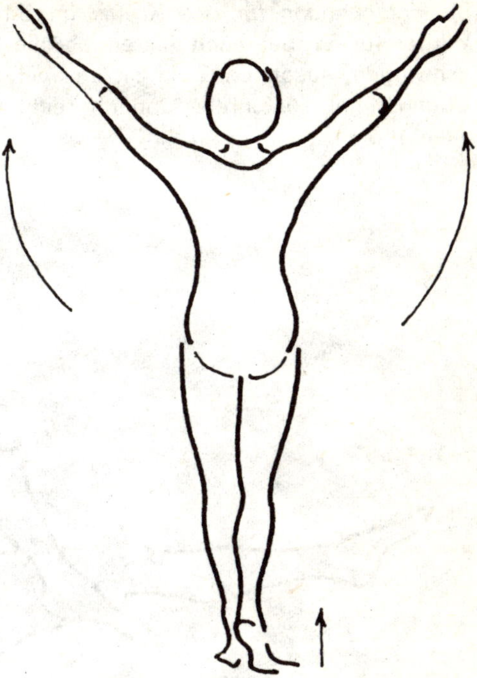

1) *Für Haltung und Atmung:* Stand mit geschlossenen Beinen, Arme seitlich hochschwingen, Fersen heben und extrem hochspannen, Sitzmuskeln anspannen; einatmen.
Arme und Fersen senken, Schultern und Kopf vorneigen; ausatmen. Den ganzen Körper von unten herauf spannen. Übung 4 bis 6mal wiederholen.

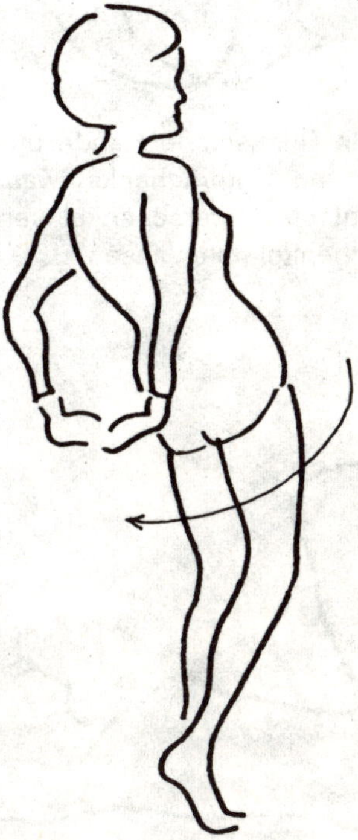

2) *Für die Beckenhaltung:* Im Stand durch Spannen (Einziehen) der Sitzmuskeln Becken vordrücken, dabei auch Fersen heben und Knie vorschieben, die Arme pendeln nach hinten, flüchtig in die Hände klatschen; ausatmen. Fersen wieder senken, Beine strecken, Arme vorschwingen; einatmen. Übung 4 oder 5mal wiederholen.

3) *Entspannung für das Kreuz:* Im Sitzen linkes Knie festhalten. Langsam Wirbel für Wirbel nach hinten abrollen, das gestreckte rechte Bein hochschwingen; ausatmen. Zum Sitzen hochrollen, Körper strecken, tief einatmen. Übung 4mal ausführen. Danach rechtes Knie festhalten und Phasenablauf wiederholen.

4) *Entspannung für die Beine:* In Rückenlage Hände unter den Kopf schieben und Beine anwinkeln, Füße und Unterschenkel waagerecht, das Kreuz liegt flach auf dem Boden. 10mal die Unterschenkel senkrecht hochschleudern und locker gegen die Oberschenkel fallenlassen.

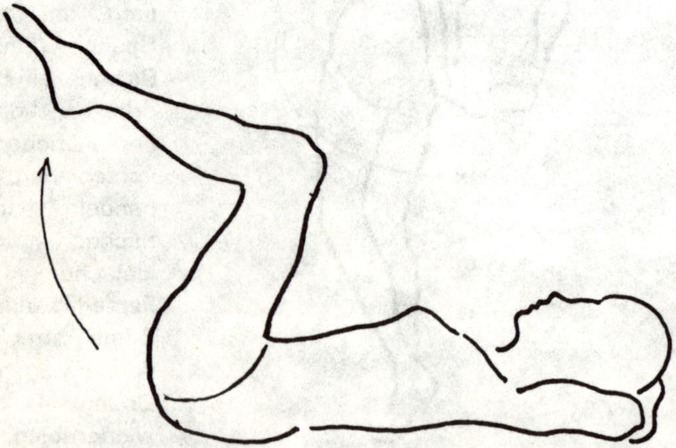

2. Sitzen

Richtig:
Sitzfläche gleichmäßig belasten. Die Fläche des Stuhls soll Platz für Gesäß und einen Teil der Oberschenkel bieten. *Unterschenkel* stehen senkrecht zum Boden, Füße nebeneinander, *Arme* ruhen entspannt auf den Lehnen, falls man nichts zu tun hat. Der *Rücken* wird von der Stuhllehne nicht erst in Schulterhöhe, sondern bereits im Kreuz gestützt, weil sonst alle Rückenmuskeln dieses Stützen übernehmen müssen.
Bauch ist straff und Rücken gerade, *Schultern* entspannt, *Kopf* aufrecht. Auch beim Arbeiten den Kopf nur wenig senken. Im Gespräch, beim Fernsehen usw. geradeaus schauen.

Falsch:
Auf verlängertem Kreuz sitzen, wodurch das Kreuz durchhängt. Beine übereinander schlagen oder ums Stuhlbein schlingen, weil das Stauungen herbeiführt.
Kopf und Schultern hängenlassen verursacht Rundrücken, Doppelkinn und häßliche Brustlinie.
Beine von sich strecken und Kinn auf die Hand stützen ist so falsch wie das Gegenteil: Verkrampft an der vordersten Stuhlkante zu balancieren, ständig in Hochspannung.

Ausgleichsübungen

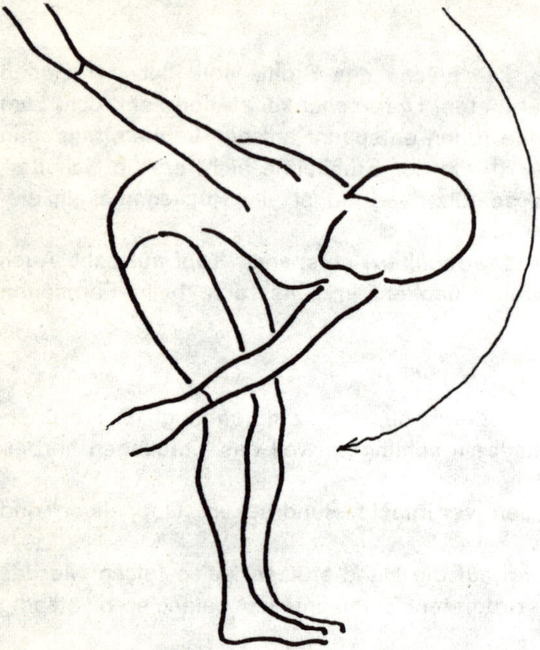

1) *Für Schultern und Kreuz:* Stand mit geschlossenen Beinen. Arme im seitlichen Tiefschwung rechts an den Beinen vorbei weit nach hinten schwingen, in den Knien locker nachgeben; ausatmen. Voll aufrichten, Arme heben; tief einatmen. Beim nächsten Tiefschwung Arme linksseitig zurückschwingen. Übung nach jeder Seite 4mal wiederholen.

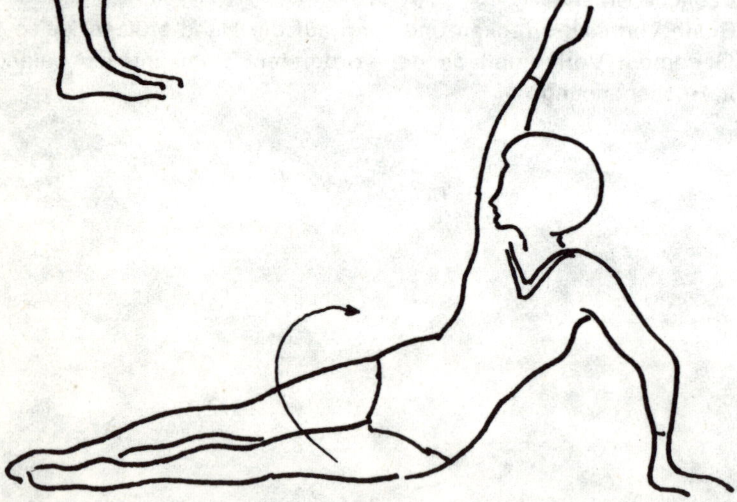

2) *Für die Sitzfläche:* Im Sitzen Beine vorstrecken. Mit Schwung nach rechts drehen, rechte Hand aufstützen, Becken vordrücken. Nach links wechseln. Ständig auf der Sitzfläche hin und her rollen und sie massieren, mindestens 10mal.

3) *Straffung des Bauches:* Im Sitz Hände schräg nach hinten stützen, Beine anbeugen, hochstrecken und gestreckt langsam zum Boden senken. Übung 4 bis 6mal wiederholen. Beim Hochstrecken der Beine ausatmen, dabei etwas den Oberkörper nach hinten neigen; liegen die Beine auf dem Boden, Oberkörper aufrichten, Kopf heben; einatmen.

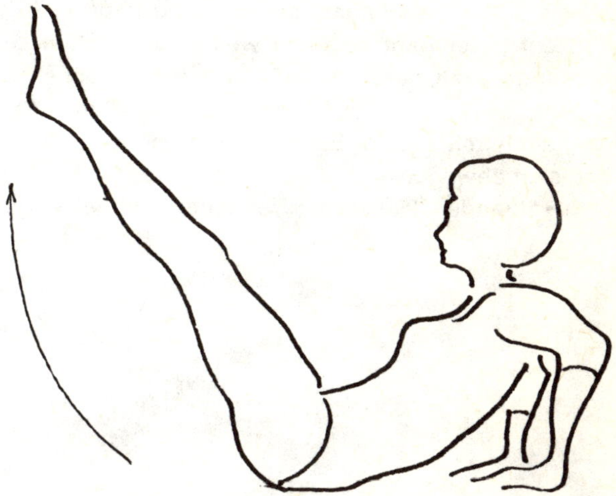

4) *Für Haltung und Brustmuskeln:* In Bauchlage Hände unterhalb der Schultern auf den Boden stützen. Durch Armestrecken Oberkörper hochdrücken, Kopf in den Nacken legen; einatmen. Arme beugen, entspannen, Kopf senken; ausatmen. Beine gestreckt liegenlassen. Übung 6 bis 8mal ausführen.

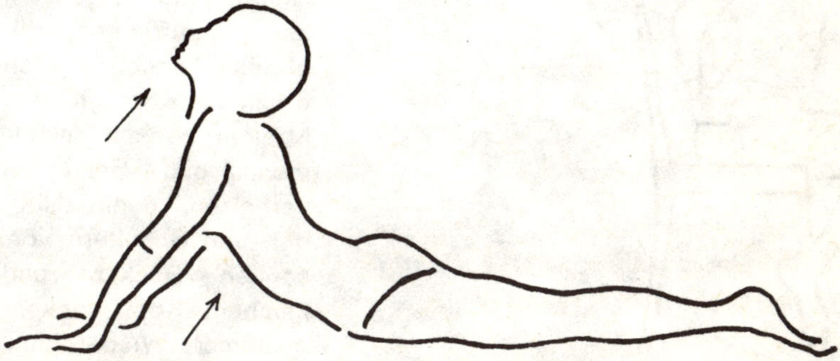

3. Während der Arbeitszeit

Wenige Anregungen genügen, um zu zeigen, wie man auch während der Arbeitszeit – sozusagen mit dem Telefonhörer in der Hand – etwas für Ausgleich und Entspannung seines verkrampften Körpers tun kann. Flotter und konzentrierter geht es dann weiter. In etlichen Betrieben gibt es bereits Einrichtungen, mit deren Hilfe Mitarbeiter zwischendurch schnell mal sowohl den Kreislauf als auch die Laune wieder in Schwung bringen können. Doch geht das auch mit wenig Selbsthilfe: Frische Luft hereinlassen, tief durchatmen und sich bewegen.

Den folgenden Hauptangriffspunkten gilt eine gezielte Ausgleichsbewegung:

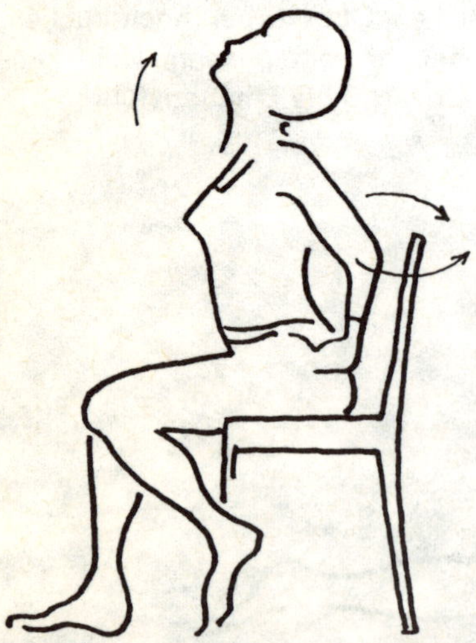

1) *Für Haltung und Brustlinie:*
Im Sitzen auf dem Stuhl Hände auf die Hüften stützen, Rücken extrem aufrichten, Ellbogen nach hinten drücken, Kopf in den Nacken senken; einatmen. 3 bis 4 Sekunden verharren, dann Ellbogen und Schultern vorsenken, Rücken rund machen, Kopf senken; ausatmen. Wiederholen.

2) *Für die Beine:*
Gerade auf dem Stuhl sitzen, Arme zur Seite halten, rechtes Bein gebeugt anheben, Unterschenkel 10mal locker von sich schleudern, als sollte ein Schuh vom Fuß geschüttelt werden. Beinstellung wechseln und Übung 10mal wiederholen. Diese Bewegung hält die Knie elastisch und beseitigt Stauungen in den Beinen.

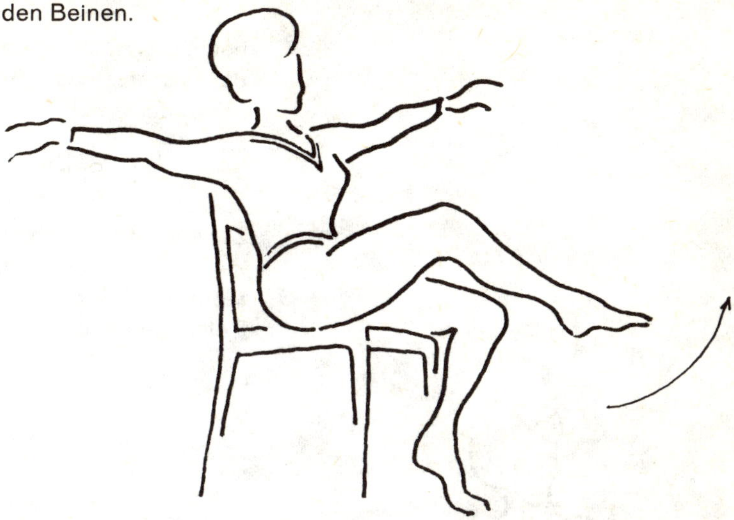

3) *Für Rücken, Nacken und Schultern:*
Wie auf der Abbildung gezeigt anlehnen. Arme gestreckt nach hinten hängenlassen, Kopf zurücksenken. 4mal mit den Armen nach unten federn, dabei den Körper extrem strecken; einatmen. Arme langsam vorsenken, dabei angelehnt bleiben, aber den Kopf vorneigen; anhaltend ausatmen. Mit Schwung die Arme über den Kopf heben.

4) *Für Taille und Hüften:*
Stand hinter der Stuhllehne, beide Hände leicht aufstützen. Linkes Bein vor dem rechten hochschwingen, dann das rechte nach links schleudern, dabei exakt um die Taille drehen, um den Stuhlbeinen auszuweichen. Bis zum Zehenstand hochdrükken. Beschwingt nach jeder Seite 4mal dieses Beinheben üben.

4. Entspannung am Feierabend

Ein Tag voller Hektik, konzentrierter Arbeit und Sitzen in verbrauchter Luft ist geschafft. Daheim warten wiederum Verpflichtungen, aber auch nette Dinge, sei es, daß Freunde kommen, man ins Theater geht oder einfach einen gemütlichen Abend verbringen will usw. Man möchte die kostbare Freizeit genießen, fühlt sich jedoch sehr abgespannt.

In dem Fall helfen *Entspannungsübungen*! Verkrampfte Nackenmuskeln können schuld sein an Kopfschmerzen, Stauungen verursachen müde Beine und so fort. Wer im Laufe des Tages versäumt hat, hin und wieder Ausgleichsübungen zu machen, sollte nun das daheim in aller Ruhe und vor allem in sauerstoffreicher Luft nachholen.

Zu den folgenden Übungen braucht man nur einen weichen Teppich und ein paar Minuten für sich allein. Dabei werden Entspannungsübungen speziell für Schultern, Kreuz usw. genannt, doch soll das nicht heißen, daß sie jeweils nur für einen Bereich nützlich sind, sondern, daß eine Übung die erwähnte Körperstelle besonders betrifft. So nützt z. B. Entspannung in den Schultern zugleich dem Nacken, und wer die Beine entspannt, entlastet auch das geplagte Kreuz.

Entspannungsübungen

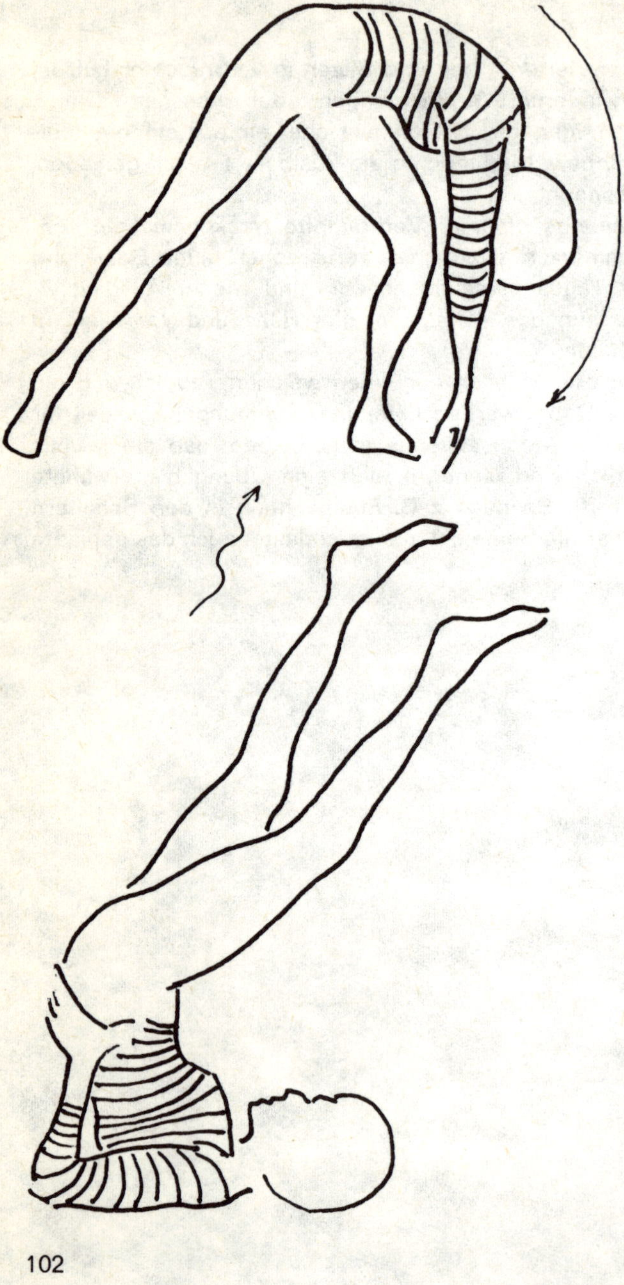

1) *Für Rücken und Schultern:* Beine breitstellen und Arme langsam seitlich anheben, dabei einatmen. Oberkörper und Arme locker zum rechten Bein fallenlassen, Körpergewicht ruht auf dem rechten Bein. Entspannt nach unten hängen, Arme schwer hängenlassen, locker im rechten Knie nachgeben; restlos ausatmen. Langsam wieder aufrichten, Arme seitlich anheben; einatmen. Übung zur linken Seite wiederholen – je 4mal.

2) *Für die Beine:*
Aus dem Sitzen mit Schwung zur Kerze hochschwingen, die Hände stützen das Becken. In Kerzenstellung Beine schütteln, als ob Wassertropfen abzuschleudern wären.
Langsam in den Sitz abrollen, Wirbel für Wirbel. Erneut hochschnellen und schütteln, Beine lockern und entspannen, Stauungen verschwinden.

3) *Für den Nacken:* Kniend Hände schräg hinten aufstützen. Kopf langsam nach hinten senken und hängenlassen, auch die Schultern nach hinten nehmen. Rücken extrem strecken; einatmen. Mit den Händen abstoßen, Arme vorschwingen, Rücken rund machen und den Kopf vorsenken; ausatmen. Übung 4 bis 6mal wiederholen (sie kann auch auf einem Stuhl sitzend ausgeführt werden).

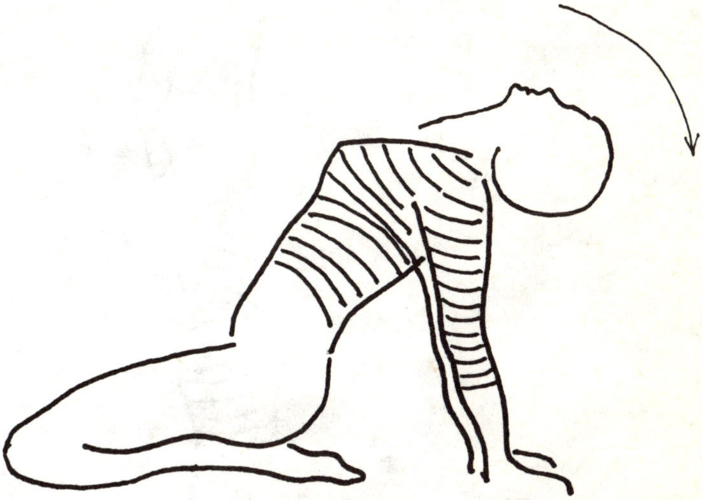

4) *Für das Kreuz:* In Rückenlage Körper durchstrecken, auch die Arme über den Kopf heben; einatmen. Beine anziehen, Knie umfassen und fest zum Körper drücken, dabei beweglich im Kreuz nachgeben; ausatmen. Während des Ausatmens in dieser Entspannung fürs Kreuz verharren, danach zum Einatmen den Körper strecken. Kopfheben beim Anbeugen der Beine nicht vergessen. Übung 4mal wiederholen.

5) *Für die Arme:* Aufrechte Sitzhaltung auf Boden oder Stuhl. Arme senkrecht hochschütteln und plötzlich neben den Körper fallenlassen, 4mal und öfter wiederholen. Beim Heben der Arme einatmen, beim Fallenlassen ausatmen. Im Hochstrecken auch den Kopf heben, beim Entspannen im ganzen Rücken nachgeben und Kopf senken.

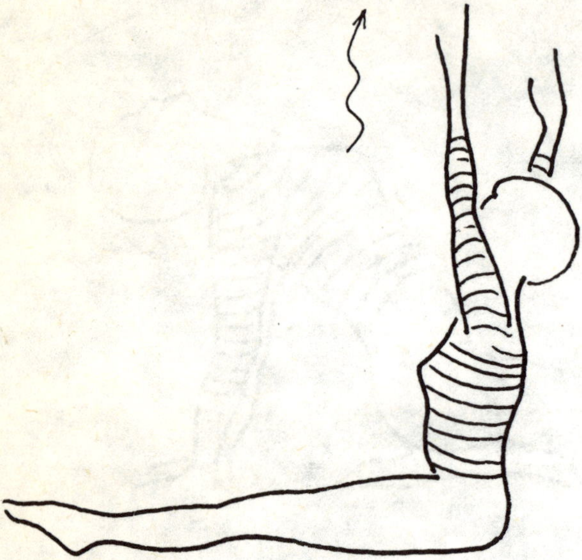

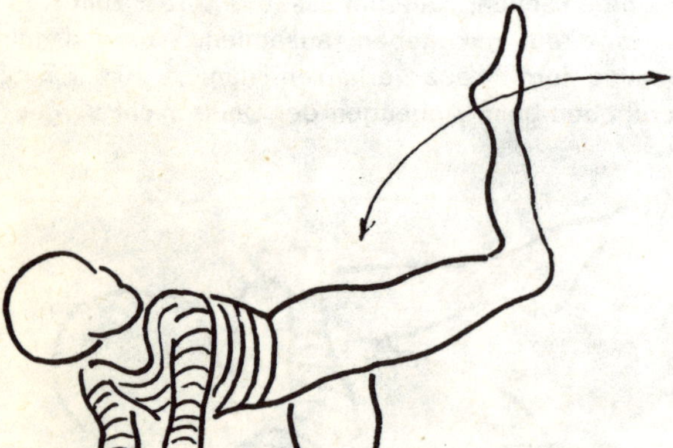

6) *Für Knie und Hüftpartie:* Knien und beide Hände aufstützen oder stehend an der Tischkante abstützen. Linkes Bein nach hinten heben und Unterschenkel abwechselnd zur Sitzfläche schlagen und wegschleudern, 10mal, danach Beinwechsel.

Der Kopf wendet sich über die Schulter zurück mit Blick zum schwingenden Bein.

5. Gute Nacht! – Entspannungslage

Es gibt viele Gründe für Schlaflosigkeit oder dafür, nicht einschlafen zu können. Geistige und seelische Spannungen beeinflussen auch den Körper. Man ist verkrampft, ohne es zu merken. Wie lassen sich Spannungen lösen? Wie kann man in jeder Hinsicht „abschalten"? Nichts denken, nichts wollen, nichts empfinden, nur eine einschläfernde Entspannung fühlen?

In richtiger Entspannungslage!

Betrachten Sie das Bild:
Auf die rechte Seite legen (Seitenlage links würde das Herz beengen).
Linkes Bein vor dem Körper anwinkeln.
Linken Arm vorn locker ruhen lassen, Hand ungefähr in Gesichtshöhe.
Rechten Arm entweder nach hinten betten oder als Kopfkissen verwenden, falls man nicht ganz flach liegen kann.
Augen schließen, tief einatmen und ein Gefühl der Schwere entwickeln, den Körper absacken lassen, an nichts denken. Je vollkommener dabei die Tiefatmung, desto wirksamer die Entspannung!
Solche Entspannungslage hilft nicht nur vor dem Einschlafen, sondern kann auch tagsüber bei Bedarf angewendet werden. Wenige Minuten dieser vollkommenen Entspannung bringen neue Energie.

VII. Anmut - stets gefragt

Besonders ganz junge Mädchen vertreten gelegentlich die Ansicht, der Begriff *Anmut* sei antiquiert. Auf Anmut käme es heute nicht mehr an, Hauptsache, man sei gertenschlank, nach neuester Make-up-Vorschrift geschminkt und super-schick gekleidet. Was braucht es da noch mehr?
Doch auf dieses „Noch-mehr" kommt es an, auf die Fähigkeit, sich anmutig zu bewegen. Was immer an Frauen geschätzt und bewundert werden mag: Anmut gehört dazu. Als typisch weibliche Eigenschaft kann sie Derbheit, Unbeholfensein und Grobheit, Verklemmtsein und Unsicherheit bekämpfen helfen.

Anmut ist der Gleichklang von Bewegung und Ausdruck!

Sie ist die Harmonie von Seele und Körper. Eine anmutige Frau wirkt zudem ausgeglichen, aktiv und doch weiblich in ihren Bewegungen, sie wird ihre Aufgaben in der Regel besser meistern bzw. leichter bewältigen als ein seelisch und körperlich verkrampfter Mensch. Anmut macht das Leben leichter, bezaubert spontan. Natürlich kann Anmut nicht Wissen oder Bildung ersetzen, aber sie erleichtert zweifellos den Erfolg.
Wie kann *Gymnastik* dazu beitragen, die Fähigkeit zur Anmut zu fördern oder zu erhalten?
Wie bereits deutlich wurde, lösen schwungvolle Bewegungen zunächst die verkrampften Muskeln. Die Freude an körperlicher Entspannung führt zu Selbstsicherheit und Selbstbewußtsein, löst also auch seelische Verkrampfungen. Daher ist es so wichtig, nicht mit vollem Krafteinsatz zu üben, sondern „gelöst", ohne sich bei jeder Bewegungsaufgabe zu verausgaben. „Überspannung" prägt sich im Gesicht und am Hals aus; nach jeder Anspannung folgt eine Phase der Entspannung. Darauf baut jede sinnvolle Übung auf. Nur aus solchem Wechselspiel können gelöste Bewegungen kommen. So dient Gymnastik nicht nur der Sorge um die schlanke Linie, um Haltung und Hüftpolster: Auf Anmut kann und will sie nicht verzichten!

VIII. Mit Musik geht alles besser

Daheim allein Gymnastik zu machen, erfordert manchmal ein bißchen Überwindung. Ich finde es deshalb fabelhaft, daß es doch so viele tun. Dabei sucht man ständig nach Abwechslung, verwendet z. B. einen Stock für Haltungsübungen oder stemmt ein schweres Telefonbuch hoch, um die Arme zu festigen.

Besonders viel Anregung bietet jedoch Musik! Gewiß würden so manchesmal nur drei oder vier Schwünge gemacht, würde nicht eine schöne Melodie zum Weiterüben verführen, und so manche Kniebeuge bliebe ungebeugt, wenn nicht Musik die Fortsetzung erleichterte. Außerdem wird jede Bewegung schwungvoller, gelöster, fröhlicher ausgeführt.

Wie aber passen Rhythmus und Übungsfolge zusammen? Welche Musik zu welcher Bewegung?

Dazu ein paar Faustregeln:

- Zum 6/8 Takt (Langsamer Walzer): Schwingende, langsame Armkreise, Beinschwünge, Seitneigen des Oberkörpers, Rollübungen.
- Zum 3/4 Takt (Wiener Walzer): Schnelle Schwünge, lebhaftes Armkreisen, flinke Beinbewegungen.
- Zum 2/4 Takt (Marsch): Exakte Bewegungen, z. B. Radfahren im Liegen, Gehen mit vielen Varianten, Hochstrecken usw.
- Zum 4/4 Takt (Foxtrott): Federn der Arme, Wippen in Kniebeuge, Beinheben, Schleudern der Beine usw.

Die meisten Musikstücke, nach denen sich üben ließe, ertönen aus dem Radio nur ca. 3 Minuten; das ist für Gymnastik zu kurz bemessen. Wer etwas mehr Zeit übrig hat, legt eine Schallplatte auf, wiederholt die Melodie oder sucht sich zur Abwechslung einen anderen Rhythmus aus für neue Übungen, variiert ein bißchen – der Phantasie sind keine Grenzen gesetzt. Nach schwungvoller Musik, Jazzrhythmus oder moderner Tanzmusik läßt sich gut Gymnastik improvisieren, fallen einem immer wieder neue Bewegungen ein. Die Hauptsache ist dabei, daß man Freude daran hat. Angeregt durch die Musik kann man die Beine von sich schleudern oder über den Boden rollen, wenn der Beat uns mitreißt, den Körper tüchtig zu rühren. So fröhlich kann Gymnastik sein!

Nutzen Sie also jede Gelegenheit dazu, denn Gymnastik mit Musik hält jung. In meinen Gymnastik-Kursen verwende ich Musik – falls möglich –, so auch bei Fernseh- und Hörfunksendungen, auf meinen Gymnastik-Schallplatten und -Kassetten. Aber Musik und Bewegung müssen zusammenpassen. Sicher findet sich auch in Ihrem Plattenschrank etwas Geeignetes.

IX. Gymnastik unterwegs

1. . . . im Auto

Viele Stunden Autofahren ist keine feine Sache, wenn man nicht zwischendurch für ausgleichende und aufmunternde Bewegung sorgt. Nur dann macht Autofahren wirklich Spaß. Wer nur schnell am Ziel sein möchte, fühlt sich am Ende wie gerädert. Warum es also erst soweit kommen lassen? Irgendwo abseits vom Straßenlärm und -staub wird ein Parkplatz gesucht. Wer Kinder mithat, sollte mit ihnen tollen, einen Lauf abseits von der Straße starten und sich selbst auch auf diese Weise Bewegung verschaffen. Dennoch kann er die eine oder andere Übung machen, um gezielt etwas für Körperhaltung und müdes Kreuz zu tun.

Tanken Sie vor allem Sauerstoff! Das verstärkt die Fahrsicherheit!

Langes Sitzen hinter dem Steuer wirkt einschläfernd auf Körper und Reaktionsvermögen. Es lähmt zudem das Fahrvergnügen für alle.
Die nachfolgenden Übungen machen besonderen Spaß zu zweit.

Ausgleichsübungen – Spaß zu zweit

1) Auch ohne auszusteigen, kann man an geeignetem Platz Sinnvolles für den *müden Rücken* und das *eingesunkene Kreuz* tun, selbst an einer Ampel. Am Lenkrad festhalten und Oberkörper durch Spannen der Arme vorziehen, vordrücken, dabei einatmen. Dann locker an die Rückenlehne zurücksinken und dabei ausatmen. Oder aber Hände im Nacken verschränken und Ellbogen eine Weile nach hinten drücken, dabei den Rücken extrem aufrichten.

2) *Zur Lockerung der Schultern, für die Haltung:* Arme waagerecht vorhalten, rechten Arm hochschwingen und 2mal nach hinten federn, Kopf heben, einatmen. Arm zurücksenken, Bauchmuskeln spannen, ausatmen. Danach linken Arm hochschwingen und nach hinten federn. Besonders auf Rückenstrekkung achten! Übung einige Male wiederholen.

3) *Zur Hüftstreckung und Entspannung für das Kreuz:*
Mit beiden Händen aufstützen, Beine bleiben stets gestreckt. Zuerst mit dem Becken 2mal nach hinten federn, dabei im Kreuz nachgeben; danach Hüftpartie vordrücken und Körper strecken. Beim Rückfedern des Beckens ausatmen, beim Strecken des Körpers einatmen. 8mal schaukeln!

4) *Für Beweglichkeit:* Beine breitstellen und möglichst gestreckt lassen. Rechte Hand 2mal zum linken Fuß tieffedern, dabei ausatmen. Dann Arme hochschwingen, Körper aufrichten; einatmen. Linke Hand zum rechten Fuß tieffedern. Nach jeder Seite 4mal üben!

5) *Zum Beine-aufwecken:* Entweder Beine aus der Wagentür strecken, abwechselnd linken und rechten Unterschenkel von sich schleudern mit dem Radfahren ähnlichen Bewegungen. Oder aber mit einer Hand irgendwo festhalten, tief in Kniebeuge fallen, unten 2mal nachfedern und Rückstoß nutzen, um wieder zum Stehen hochzudrücken. Übung wiederholen!

6) *Zur Anregung des ganzen Körpers:* Einige Schritte anlaufen und mit den Händen auf eine druckfeste Stelle stützen, wegspringen und zugleich die Fersen hinten hochschlagen. Beim zweiten Versuch wird es bestimmt höher gelingen, also 3 oder 4mal wiederholen.

7) *Für Haltung und Tiefatmung:* Zum Abschluß wird nochmals tief geatmet. Beine breitstellen, an den Händen fassen, Arme langsam seitlich anheben, dabei den Rücken aufrichten, Kopf heben, tief einatmen. Arme wieder senken, Schultern vorhängenlassen; ausatmen. Noch 4 oder 5mal tüchtig Sauerstoff tanken. Anschließend kann die Fahrt sicher und bei guter Laune weitergehen.

2. ... im Wald

Waldlaufen kombiniert mit Übungen scheint immer moderner zu werden. Mehr und mehr gibt es eigens für Waldläufer angelegte Loipen (Trimmpfade, Fitness-tours, Vita-parcours), ideale Waldwege, etwa alle hundert Meter mit Hinweistafeln versehen, welche Übung wie oft an jenem Punkt ausgeführt werden soll. Zur Abwechslung und vor allem, um das Programm leistungsbetont zu gestalten, sind auch Turngeräte vorhanden – ein Turnsaal im Freien!
Schon nach ersten Versuchen im fröhlichen Familienkreis werden alle feststellen: Endlich eine Gelegenheit, gemeinsam Sport zu treiben, jeder auf seine Weise. Die Kinder haben reichlich Platz und Chancen, ihren natürlichen Bewegungstrieb auszutoben. Aber es ist für alle nicht nur gut für die Gesundheit, sondern ein großer Familienspaß! Falls in Wohnnähe keine Anlage solcher Art vorhanden: Es ist auch sonst vergnüglich, kreuz und quer durch den Wald zu laufen, zu springen und vorhandene natürliche Hindernisse zu nehmen, Steine zum Weitstoßen und kräftige Äste zum Turnen zu verwenden. Mit Phantasie schafft man sich einen eigenen Do-it-yourself-Trimmpfad. Das hat den großen Vorzug: Man ist allein unterwegs, unabhängig, unbehindert. Der Familienwettstreit bringt genügend Abwechslung ins muntere Treiben.

Wichtige Tips

- Nur zweckmäßige Kleidung, nichts Beengendes, Unbequemes anziehen; auf rutschsichere Schuhe achten.
- Fitness-Training langsam beginnen und allmählich steigern. Sich nicht überanstrengen oder überfordern. Man soll dank der Bewegung im Freien Auftrieb für den ganzen Tag heimbringen.
- Richtige Atmung entscheidet: bewußt darauf achten! Leider fehlt bei manchen Anlagen der Hinweis auf richtige Atmung. Ich erinnere deshalb an unser Kapitel: „Atmen Sie richtig?“ Gründliche Ausatmung ist besonders wichtig, also immer damit beginnen. Beim Gehen oder Laufen gleichmäßig und bewußt atmen; bei den Übungen jeweils im Moment der Spannung ausatmen. So wird ein Maximum an Sauerstoff eingeholt, Ausdauer und Spaß werden erhöht.

Hier sind ein paar Anregungen für das Familienturnen im Wald:

„Trimm-dich"-Übungen

1) Auf die Barriere stützen und hochspringen. Mit Beinschwung nach hinten wegschnellen und in tiefer Kniebeuge landen. Anschließend schnell unter dem Hindernis durchschlüpfen, ohne mit dem Rücken daran zu stoßen. Umdrehen und wieder hoch zum Stützen. Wer kann, überklettert das Hindernis oder springt darüber.

2) Linken Fuß auf Baumstumpf setzen. Rechte Hand des Partners fassen, zum Stand hochdrücken, d. h. einander hochziehen, bis das Standbein gestreckt ist. Zum Boden zurückkehren. Übung 10mal ausführen und mit dem rechten Bein wiederholen. Je höher der Stumpf, desto mehr müssen die Beinmuskeln arbeiten.

3) Etwa 1 m vom Baumstumpf entfernt zur Ausfallstellung vorschnellen: Rechten Fuß hochsetzen, Oberkörper aufrecht, Arme zum Balancieren seithalten. 4mal tiefwippen, das nach hinten gestellte linke Bein möglichst strecken. Abstoßen und Beine schließen. Übung mit Beinwechsel wiederholen.

4) Ein Holzstück an den Außenkanten festhalten, hochstemmen und wieder senken – beim Hochstemmen ausatmen, denn hier liegt der Moment der Spannung! Oder aber große Rumpfkreise damit ausführen, hoch über den Kopf schwingen. Im Tiefneigen ausatmen, während des Aufrichtens einatmen.

5) Geschicklichkeitsaufgaben und Reaktionstests gehören zum Turnen im Wald – z. B. ein Holzstück auf der Handfläche balancieren und dabei ein paar Schritte vorwärts gehen; dann versucht man es mit der anderen Hand und wiederholt mit einem schwereren Stück.
Auch gefällte Baumstämme sind zum Turnen geeignet: Der Länge nach drübergehen – vorwärts und rückwärts – oder von der Seite her anlaufen und drüberspringen – mit oder ohne Aufstützen der Hände.

6) Übungen an Ringen sind besonders wertvoll für die Körperhaltung. Man schaukelt vor und zurück, stößt sich dabei mit den Füßen vom Boden ab oder nutzt den Schwung, indem die Beine vorn und hinten jeweils am höchsten Punkt energisch weggestoßen werden.
Wer zudem etwas für eine elastische Taille tun möchte, stellt sich fest auf beide Füße und läßt den Körper kreisen, abwechselnd nach links und nach rechts.

3. . . . am Strand

Ferienzeit! Einmal nichts tun müssen, dem Geplätscher der Wellen zuhören, entspannen und abschalten können . . . Aber es kann gefährlich sein, sich allzu sehr diesem Dolce-far-niente hinzugeben. Auch Figur und Ferienstimmung leiden bei solcher Trägheit, man langweilt sich bald. Schwimmen allein oder Sonnenbaden genügen nicht. Manchmal weht ein kühler Wind, es ist bewölkt, man möchte sich dennoch am Strand tummeln und die gesunde Luft atmen. Da ist schwungvolle Strand-Gymnastik genau das Richtige. Wenn kein Ball vorhanden ist, genügt ein Handtuch. Die Übungen können damit sogar noch exakter und intensiver durchgeführt werden.
Wer vor Zuschauern Gymnastik scheut, flüchte zum Wasser. Schnelles Gehen und Laufen im Wasser strafft Bein- und Bauchmuskeln. Große, weitausholende Armkreise fördern gute Haltung und regen zum Tiefatmen an. Wer sich im Wasser treiben läßt und dabei mit den Beinen strampelt, strafft die Muskeln und sorgt für elastische Gelenke. Weite Spaziergänge über sonnenheißen Strand kräftigen nicht nur die Füße, sondern sind rundum gesund. Zwischendurch kann man eine Weile durch knietiefes Wasser laufen, dann wieder im warmen Sand gehen, und wiederum zurück ins Wasser; das bringt Abwechslung ins Ferienprogramm! Außerdem bleibt man in Schwung, nimmt eher ab als zu, setzt also keine Fettpolster an, sondern korrigiert seine Linie. Vor allem gibt das freie Sichbewegen jene Bewegungssicherheit, auf die es auch am Strand ankommt.

Strandgymnastik

1) *Für die Haltung:* Tuch an beiden Enden festhalten und in hohem Schwung über den Kopf nach hinten senken; Kopf bleibt aufrecht. Arme wieder vorschwingen und das Tuch zu den Oberschenkeln senken. Man kann bei der Übung stehenbleiben oder langsam vorwärtsgehen. Beim Hochschwingen der Arme einatmen, beim Vorsenken ausatmen.

2) *Für Elastizität:* Rechte Hand schwingt das Tuch mit weitausholenden Armkreisen über den Kopf, Schwung nach links herum beginnen. Beim Hochschwingen des Arms linkes Bein nach hinten schleudern und Standbein zum Zehenstand hochdrücken. Senken und Schwung wiederholen. Ebenso bei Arm- und Beinwechsel zur anderen Richtung üben.

3) *Für die Taille:* Im weichen Sand knien. Linkes Bein seitstellen, Tuch gespannt hoch über den Kopf halten. Im Seitneigen 2mal zum linken Bein federn, dabei ausatmen. Oberkörper und Arme aufrichten, tief einatmen. 4mal wiederholen, danach rechtes Bein ausstrecken und zur rechten Seite neigen und tieffedern.

4) *Für die Oberschenkel:* Aufrecht knien, Arme hochhalten und das Tuch spannen. Mit Linkswendung Oberkörper langsam nach hinten neigen, ohne sich auf die Fersen zu setzen, dabei ausatmen, Bauch- und besonders die Sitzmuskeln spannen. Aufrichten und Übung 4mal wiederholen, anschließend ebenso mit Rechtswendung ausführen.

5) *Für die Bauchmuskeln:* Im Sitzen Beine anwinkeln und Füße auf den Boden stellen, Arme senken. Beine hochstrecken, zugleich im Ausatmen Arme heben und dabei das Tuch energisch spannen. Zurücksenken in die Entspannung, Rücken aufrichten; einatmen. Man kann auch – wie Abb. zeigt – beim Heben den linken Arm etwas nach hinten ziehen, beim nächsten Mal dann den rechten.

6) *Für das Kreuz:* Arme mit gespannt gehaltenem Tuch hochschwingen, die Beine liegen vorgestreckt. Dann Tuch vorsenken und zugleich rechtes Bein anbeugen, über dem Tuch hochstrecken, dabei ausatmen. Bein zurücknehmen, Arme hochschnellen, Rücken strecken; einatmen. Mit Beinwechsel Übung wiederholen. Wenn möglich, danach mit beiden Beinen gleichzeitig ausführen.

7) *Für die Schultern:* Beine breitstellen und Tuch hinter den Oberschenkeln gespannt halten. Oberkörper vorneigen, ohne den Kopf zu senken, zugleich das gespannte Tuch zweimal hinten hochfedern; ausatmen. Zur Streckung aufrichten, Arme senken; einatmen. Beine bleiben immer gestreckt. Übung auch mit geschlossenen Beinen ausführen.

X. Schlußbemerkung

Nicht ohne Absicht wurde der Begriff Schönheit vernachlässigt. Schönheit kann kein für sich allein existierender Begriff sein. Er ist eher die Summe vieler Faktoren. Manche davon klangen in diesem Buch an, z. B. im Zusammenhang mit Gesundheit oder Anmut, Schlankheit oder Harmonie. Wirkliche Schönheit resultiert auch aus Gepflegtsein, Ausstrahlung, Charme, Güte, Klugheit – um nur einige zu nennen.

In solchem Zusammenhang bekommt auch der Wert der Gymnastik einen besonderen Akzent. Manche sehen im Üben – egal in welcher Form – ein Mittel zum Zweck, mehr aus ihrem Leben machen zu können. Mehr Energie für den Alltag und mehr Schwung für die kostbare Freizeit wirken sich zugleich aus auf das Erscheinungsbild der ganzen Persönlichkeit. Eine positive Lebenseinstellung und „körperbewußteres" Leben bleiben niemals ohne Einfluß auf die Ausstrahlung, „verschönern" also letztlich.

In diesem Sinne wünsche ich Ihnen viel Erfolg und Freude mit Gymnastik.

Hannelore Pilss-Samek

			DM
0336	**Englisch.** Glossar	kart.	6,80
0337	**Französisch.** Glossar	kart.	6,80
0338	**Tonband.** 13 cm, 9,5 cm/sec., 91 Min., Doppelspur		89,—
0339	**2 Compact-Cassetten.** 90 Min., einspurig		36,—
0340	**135 Diapositive.** Texterschließung der Lehreinheiten I–X		180,—

EHE UND FAMILIE

0251	**Vorbereitung auf die Geburt.** Schwangerschaftsgymnastik, Atmung, Rückbildungsgymnastik. Von Sabine Buchholz, 112 Seiten, 91 Fotos	kart.	6,80
0211	**Wie soll es heißen?** Von D. Köhr, 88 Seiten, Abbildungen	kart.	4,80
0287	**Kindergeburtstag.** Von Dr. Ilse Obrig, 104 S., 40 Abb., 11 Zeichn., Lieder mit Noten	kart.	5,80
0241	**Verse fürs Poesiealbum.** Von I. Wolter, 96 Seiten, 20 Abbildungen	kart.	4,80
0212	**Kleine Hochzeitsfibel.** Von I. Wolter, 96 Seiten, Abbildungen	kart.	6,80
0288	**Hochzeitszeitungen.** Von Hans-Jürgen Winkler, 104 S., 15 Abb., 1 Musterzeitung	kart.	5,80
0063	**Der gute Ton.** Von I. Wolter, 152 S., 38 Zeichn. und 8 Tabellen mit 28 Abb.	kart.	6,80
0046	**Erbrecht und Testament.** Von Dr. jur. H. Wandrey, 96 Seiten	kart.	6,80
0359	**Im Namen der Kinder.** Hrsg. Klaus Meynersen, 128 Seiten, 9 Abb.	kart.	5,—

SKETSCHE UND VORTRAGSBÜCHER

0247	**Sketsche.** Von M. Gering, 132 Seiten mit 16 Illustrationen	kart.	6,80
0091	**Vergnügliches Vortragsbuch.** Von J. Plaut, dem Altmeister des Humors, 192 Seiten	kart.	6,80
0188	**Die große Lachparade.** Von E. Müller, 108 Seiten	kart.	6,80
0149	**Lachen, Witz und gute Laune.** Von E. Müller, 104 Seiten	kart.	5,80
0157	**Humor für jedes Ohr.** Von H. Ehnle, 96 Seiten	kart.	5,80
0163	**Tolle Sachen zum Schmunzeln und Lachen.** Von E. Müller, 91 Seiten	kart.	5,80
0098	**So feiert man Feste fröhlicher.** Von Dr. Allos, 96 Seiten	kart.	5,80
0284	**Lustige Vorträge für fröhliche Feiern.** Von K. Lehnhoff, 96 Seiten	kart.	6,80
0130	**Karnevalsscherze und Büttenreden.** Von Dr. Allos, 136 Seiten	kart.	6,80
0216	**Narren in der Bütt.** Zusammengestellt von Th. Lücker, 112 Seiten	kart.	5,80
0354	**Damen in der Bütt.** Scherze, Büttenreden, Sketche. Von Traudi Müller. 120 S.	kart.	6,80
0304	**Helau und Alaaf.** Närrisches aus der Bütt. Von Erich Müller, 112 S.	kart.	6,80

WITZE

0175	**Starker Tobak — 2. Prise.** Von K. von Löcknitz, 96 Seiten, Geschenkband	gbd.	6,80
0220	**Der Stammtisch lacht.** Von D. Mann, 96 Seiten, Geschenkband	kart.	6,80
0260	**Wie hätten Sie's denn gern?** Frechheiten und Witze zum Herrenabend. Von Fred Warden, 104 Seiten, Geschenkband	gbd.	6,80
0285	**Ostfriesenwitze I.** Gesammelt und herausgegeben von Onno Freese, 80 Seiten	kart.	3,—
0286	**Ostfriesenwitze II.** Gesammelt von Enno van Rentjeborgh, 80 Seiten	kart.	3,—
0294	**Die Rache der Ostfriesen.** Von Peter Körner, 80 Seiten	kart.	3,—
0325	**Robert Lembkes Witzauslese.** 160 Seiten mit 10 Zeichn. von H. E. Köhler	gbd.	14,80

GESELLIGKEIT, DENKSPORT UND QUIZ

0120	**Fidelitas und Trallala.** Von Dr. Allos, 104 Seiten, viele Abbildungen	kart.	6,80
0200	**Wir lernen tanzen mit dem Ehepaar Fern.** Von Ernst und Helga Fern, 168 Seiten, 125 Fotos und viele Schrittdiagramme	kart.	8,80
0249	**Wir lernen Modetänze mit dem Ehepaar Fern.** Von E. Fern, 128 S., mit 109 Fotos	kart.	7,80
0165	**Lustige Tanzspiele und Scherztänze.** Von E. Bäulke, 80 Seiten, Abbildungen	kart.	4,80
0192	**Wir geben eine Party.** Von R. Christian-Hildebrandt, 84 S., 8 Kunstdrucktafeln, Abb.	kart.	5,80

			DM
0362	**Denksport und Schnickschnack.** Von Jürgen Barto, 100 Seiten, 50 Abb.	kart.	6,80
0129	**Quiz.** Von R. Sautter, 96 Seiten	kart.	4,80
0246	**Großes Rätsel-ABC.** Von H. Schiefelbein, 416 Seiten, Efalin-Einband	gbd.	16,—
0182	**Rätsel lösen – ein Vergnügen.** Von E. Maier, 240 Seiten	kart.	9,80
0282	**Zaubertricks.** Von Jochen Zmeck, 244 Seiten, 115 Abbildungen	kart.	9,80

HOBBY – DO-IT-YOURSELF

0353	**Münzen.** Ein Brevier für Sammler. Von E. Dehnke, 128 S., viele Abbildungen	kart.	6,80
0291	**Freizeit mit dem Mikroskop.** Von Martin Deckart, 132 S., 60 Fotos u. 4 Zeichnungen	kart.	8,80
0322	**HiFi und Quadrophonie.** Von S. Spanger, 104 S., Abb.	kart.	7,80
0283	**Tonbandpraxis.** Von D. Pange, 84 Seiten, 15 Abbildungen	kart.	6,80
0342	**Schmalfilmen.** Von Uwe Ney. 100 S., viele Fotos, z. T. vierf., und Illustrationen	kart.	6,80
0320	**Häkeln und Makramee.** Von Dr. M. Stradal, 104 S., 243 Abb.	kart.	6,80
0205	**Stricken, häkeln, loopen.** Von Dr. M. Stradal, 96 Seiten, viele Abbildungen	kart.	5,80
0185	**Selbstschneidern – mein Hobby.** Von H. Wöhlert, 128 Seiten, Abbildungen	kart.	6,80
0183	**Moderne Basteleien für groß und klein.** Von I. Goldbeck, 84 S., viele Abbildungen	kart.	4,80
0269	**Das bunte Bastelbuch.** Von R. Scholz-Peters, 160 S., etwa 100 Abb., davon 40 farbig	kart.	8,80
0280	**Origami – die Kunst des Papierfaltens.** Von R. Harbin, 160 S., über 600 Zeichn.	kart.	8,80
0361	**Flugmodelle bauen und fliegen.** Von W. Thies/W. Rolf, 160 Seiten, ca. 90 Abb. und 5 Faltpläne	kart.	9,80
0243	**Heimwerker-Handbuch.** Basteln und Bauen mit elektrischen Heimwerkzeugen. Von Bernd Käsch, 192 Seiten mit 180 Fotos und Zeichnungen	kart.	9,80
0289	**Selbst tapezieren und streichen.** Von D. Heitmann u. J. Geithmann, 96 S., 49 Fotos	kart.	5,80

DIE WELT ENTDECKEN

Farbig ausgestattete Jugendsachbücher für das Alter ab 8 Jahren
Aufgenommen in die Auswahlliste des Deutschen Jugendbuchpreises:

8001	**Autos.** Von Robert Wyatt, 48 S., 150 größtenteils vierfarbige Abb.	Pbd.	9,80
8002	**Eisenbahnen.** Von Rixon Bucknall, 48 S., 126 größtenteils vierfarbige Abb.	Pbd.	9,80
8003	**Flugzeuge.** Von Kenneth Munson, 48 S., 132 größtenteils vierfarbige Abb.	Pbd.	9,80
8004	**Schiffe.** Von Brian Benson, 48 S., 119 größtenteils vierfarbige Abb.	Pbd.	9,80
8005	**Ozeane.** Von Keith Andrews, 48 Seiten, ca. 150 größtenteils vierfarbige Abb.	Pbd.	9,80
8006	**Weltraum.** Von Kenneth Gatland, 48 Seiten, ca. 150 größtenteils vierfarbige Abb.	Pbd.	9,80
8007	**Der Mensch und seine Umwelt.** Von A. Harris, 48 S., ca. 150 größtenteils vierf. Abb.	Pbd.	9,80
8008	**Die Erforschung des Erdinnern.** Von A. Davis, 48 S., ca. 150 größtenteils vierf. Abb.	Pbd.	9,80
8009	**Bewegliche Modelle zum Selbstbasteln.** Von H. T. Sutton, 48 S., über 150 Abb.	Pbd.	9,80
8010	**Kommunikationen.** Von J. Bear, 48 S., über 140 größtenteils vierf. Abb.	Pbd.	9,80
8011	**Der menschliche Körper.** Von J. Noel, 48 S., über 120 größtenteils vierf. Abb.	Pbd.	9,80
8012	**Altertum.** Von C. Goff, 48 S., über 120 größtenteilsl vierf. Abb.	Pbd.	9,80
8013	**Urzeit.** Von R.-A. Gale, 48 S., über 100 größtenteils vierf. Abb.	Pbd.	9,80
8014	**Das Wetter.** Von Bill Bailey, 48 Seiten, viele farbige Abb.	Pbd.	9,80
8015	**Hunde.** Von Rex Marchant, 48 Seiten, viele farbige Abb.	Pbd.	9,80
8016	**Pferde.** Von T. Webber, 48 Seiten, weit über 100, größtenteils vierfarbige Abb.	Pbd.	9,80
8017	**Mikroskop.** Von P. Kirkpatrick, 48 Seiten, über 100, größtenteils vierfarbige Abb.	Pbd.	9,80

SPORT

0065	**Jiu-Jitsu.** Von B. Kressel, 84 Seiten, 83 Abbildungen	kart.	5,80
0111	**Neue Kniffe und Griffe im Jiu-Jitsu/Judo.** Von E. Rahn, 84 Seiten, 142 Fotos	kart.	5,80
0314	**Karate für alle.** Von Albrecht Pflüger. 112 Seiten mit 354 Fotos	kart.	8,80
0227	**Karate – ein fernöstlicher Kampfsport Band I.** Von A. Pflüger, 136 Seiten mit über 200 Fotos und Zeichnungen	kart.	9,80
0239	**Karate — Band II.** Von A. Pflüger, 160 Seiten mit 254 Abbildungen	kart.	9,80
0248	**Aikido.** Modernste japanische Selbstverteidigung. Von Gerd Wischnewski, 132 Seiten, 250 Abbildungen	kart.	9,80
0347	**Taekwon-Do.** Von K. Gil, 152 S., 387 Fotos	kart.	12,80
0305	**Judo.** Grundlagen und Methodik. Von Mahito Ohgo, 204 S., etwa 1000 Fotos	kart.	14,80
0276	**Ju-Jutsu.** Waffenlose Selbstverteidigung. Von W. Heim/F.-J. Gresch, 155 S., Abb.	kart.	9,80
3043	**Ju-Jutsu im Bild.** Von Rolf-Jürgen Krutwig, 96 Seiten, 112 Abb.	gbd.	9,80
0352	**Judo.** Go Kyo-Kampftechniken. Von M. Ohgo, 152 S., über 400 Abb.	kart.	16,80
0233	**Sicher durch Selbstverteidigung.** Von A. Pflüger, 136 S., 310 Fotos u. Zeichnungen	kart.	7,80

FALKEN BUNTE WELT

Antiquitäten

(4105) herausgegeben von Peter Philp, übersetzt von Britta Zorn, 144 Seiten mit über 250 Abbildungen, davon ca. 75 vierfarbig, Format 21 x 29 cm, gebunden, DM 19,80

Edelsteine und Mineralien

(4102) Von I. O. Evans, deutsch von K. F. Hasenklever, 128 Seiten, 140 vierfarbige und schwarz-weiße Abbildungen, gebunden, DM 19,80

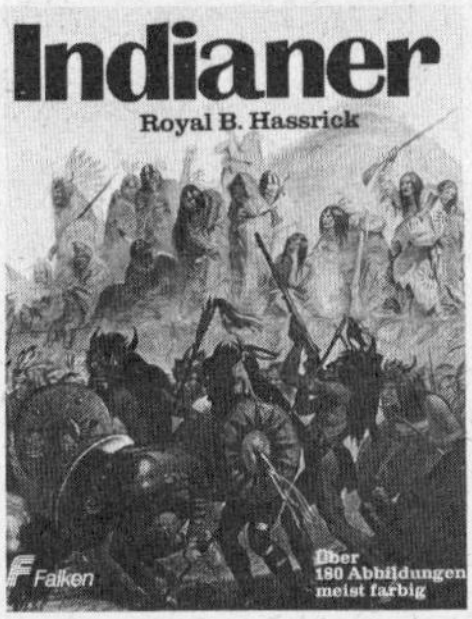

Indianer

(4106) Von Royal B. Hassrick, übersetzt von Friedrich Griese, 144 Seiten mit 200 Fotos, teils in Farbe, Format 21 x 29 cm, gebunden, DM 19,80

Feuerwaffen

(4101) Von Richard Akehurst, deutsch von Elisabeth Schwarz, 128 Seiten, 170 vierfarbige und schwarz-weiße Abbildungen, gebunden, DM 19,80

Wildtiere Europas

(4104) Von Maurice Burton. Deutsche Bearbeitung Michael Geisthardt, 172 Seiten, durchgehend vierfarbig mit 230 Abbildungen, gebunden, DM 24,–

Pferde

(4103) Von Judith Campbell, deutsch von Angelika Haug, 128 Seiten, 154 vierfarbige und schwarz-weiße, zum Teil nie veröffentlichte Fotos, gebunden, DM 19,80

			DM
0321	**Gesundheit und Spannkraft durch Yoga.** Von Dr. L. Frank und U. Ebbers, 120 Seiten, 50 Fotos	kart.	6,80
0341	**Yoga für Jeden mit Kareen Zebroff.** 142 Seiten, 135 Abb.	kart.	18,—
0349	**Yoga für Mütter und Kinder.** Von Kareen Zebroff, 128 Seiten, 139 Abbildungen	kart.	18,—
3039	**Kendo im Bild.** Japanisches Schwertfechten. Von Rolf-Jürgen Krutwig, 96 Seiten, 135 Abb.	gbd.	9,80
3035	**Reiten im Bild.** Von U. Richter, 124 S., 180 Abb., Großformat	gbd.	12,80
3041	**Eislauf im Bild.** Von Manfred Schnelldorfer, 124 S., 140 Fotos	gbd.	9,80
0279	**Basketball. Übungen und Technik für Schule und Verein.** Von Chris Kyriasoglou, 116 Seiten, 186 Fotos, 164 Zeichnungen	kart.	12,80
0351	**Volleyball.** Von H. Huhle, 102 S., 100 Abb.	kart.	9,80
0343	**Golf.** Von J. C. Jessop, 160 S., 50 Fotos	kart.	14,80
0350	**Bowling.** Von L. Belissimo, 144 S., Fotos	kart.	9,80
0191	**Fibel für Kegelfreunde.** Von G. Bocsai, 80 Seiten, über 60 Abbildungen	kart.	4,80
0271	**Beliebte und neue Kegelspiele.** Von G. Bocsai, 92 Seiten, Zeichnungen	kart.	4,80
0363	**Tischtennis modern gespielt.** Von O. Brucker/T. Harangozo, 120 Seiten, 65 Abb.	kart.	9,80
0198	**Angeln.** Von E. Bondick, 96 Seiten mit über 100 Abbildungen	kart.	4,80
0324	**Sportfischen.** Von Helmut Oppel, 144 Seiten mit Fotos, Abb. und Farbtafeln	kart.	8,80
0267	**Tauchen** — Grundlagen, Training, Praxis. Von W. Freihen, 136 Seiten, 50 Fotos	kart.	9,80
0316	**Segeln.** Von H. und L. Blasy, 112 Seiten, 54 Fotos und Abb.	kart.	6,80
0366	**Gesund und fit durch Gymnastik.** Von H. Pilss-Samek, 132 S. mit 150 Abb.	kart.	7,80
0367	**Kung Fu** — Grundlagen, Technik, mit 370 Fotos. Von Bruce Tegner, deutsche Bearbeitung von Albrecht Pflüger, 182 S.	kart.	14,80
0369	**Skischule.** Von Ch. und R. Kerler, 128 Seiten mit 100 Fotos	kart.	7,80

GARTEN, PFLANZEN, TIERE UND NATUR

0300	**Ikebana Band 1: Moribana.** Von Gabriele Vocke, 160 S., 40 Vierfarbtafeln, über 50 Schwarzweißfotos und Grafiken	Ppb.	19,80
0348	**Ikebana Band 2: Nageire.** Von G. Vocke, ca. 160 S., 32 Farbtafeln	Ppb.	19,80
0319	**Arbeitsheft zum Lehrbuch IKEBANA Bd. 1.** Von G. Vocke, 79 S., zahlreiche Grafiken	kart.	6,80
0275	**Der Rasen um unser Haus.** Von Inge Manz, 96 Seiten, Abbildungen	kart.	8,80
0199	**Fibel für Kakteenfreunde.** Von H. Herold, 92 Seiten, Farbtafeln	kart.	6,80
0245	**Die farbige Kräuterfibel.** Von I. Gabriel, 196 S., 144 Abb., davon 49 farbig	kart.	12,80
0215	**Das farbige Pilzbuch.** Von Keller-Kronberger, 132 Seiten, 105 farbige Abbildungen	gbd.	8,80
0009	**Das neue Hundebuch.** Von W. Busack, überarbeitet von Dr. Hacker, 64 Seiten, zahlreiche Abbildungen auf Kunstdrucktafeln	kart.	5,80
0346	**Hundeausbildung.** Von R. Menzel, 94 S., 18 Fotos	kart.	7,80
0073	**Der deutsche Schäferhund.** Von Dr. Hacker, 104 S., viele Abb. auf Kunstdrucktafeln	kart.	6,80
0153	**Das Süßwasser-Aquarium.** Von W. Baehr, 132 S., Zeichn. und mehrfarbige Tafeln	kart.	6,80
0281	**Das Meerwasser-Aquarium.** Von Hans J. Mayland, 146 S., 200 Abb., viele vierfarbig	kart.	9,80
0290	**Vögel.** Ein Beobachtungs- und Bestimmungsbuch. Von Dr. Winfried Potrykus, 120 Seiten, 176 Abbildungen davon 160 farbig	gbd.	9,80

ESSEN, TRINKEN UND HAUSHALT

0323	**Miekes Kräuter- und Gewürzkochbuch.** Von I. Persy und K. Mieke, 96 S., 8 Farbt.	kart.	6,80
0326	**Mikrowellen-Kochen.** Von Alexander Spoerl, 80 Seiten, Zeichn. und 8 Farbtafeln	kart.	6.80
0315	**Modern Kochen.** 104 Seiten, 8 Farbtafeln	kart.	6,80
0345	**Garen im Herd.** Von E. Exner, 96 S., 9 Farbtafeln	kart.	6,80
0317	**Computer-Menüs zum Schlankwerden.** Von Dr. Maria Wagner und Ulrike Schubert, 92 Seiten, mit vielen Tabellen	kart.	6,80
0364	**Alles mit Obst.** Von M. Hoff/B. Müller, 96 Seiten, 8 Farbtafeln	kart.	6,80
0360	**Schonkost heute.** Von M. Oehlrich/U. Schubert, 140 Seiten, 8 Farbtafeln	kart.	9,80
0344	**Gesünder essen.** Schonkost. Von H. Keil, 96 S., 9 Farbtafeln	kart.	6,80
0265	**Schnell gekocht — gut gekocht.** Von Irmgard Persy, 96 Seiten, vierfarbige Tafeln	kart.	6,80
0169	**Leckereien vom Spieß oder Grill.** Von J. Zadar, 80 Seiten, Abbildungen	kart.	5,80
0222	**88 köstliche Salate.** Von Chr. Schönherr, 104 Seiten, 8 Farbtafeln	kart.	6,80
0357	**Saucen.** Von Giovanni Cavestri, 96 S., 12 Farbtafeln	kart.	7,80
0365	**Fritieren — neu.** Von Marianne Bormio, 96 Seiten	kart.	6,80
0370	**Selbst Brotbacken.** Von Jens Schiermann, 80 Seiten	kart.	6,80
0356	**Tee für Genießer.** Von Marianne Nicolin, 64 S., 4 Farbt.	kart.	5,80
0075	**Cocktails und Mixereien.** Von J. Walker, 104 Seiten, Zeichnungen	kart.	4,80
0187	**Neue Cocktails und Drinks.** Von Chr. Taylor, 84 Seiten, Zeichnung., Geschenkband	kart.	6,80

Falken farbig

Falken-farbig ist eine Auswahl praktischer und preiswerter Gebrauchsbücher, mit herrlichen Farbbildern ausgestattet. Die Titel sind besonders zum Verschenken geeignet: Für Freunde und Kollegen, für anspruchsvolle Liebhaber schöner Dinge, für Spezialisten und Hobbyisten.

Oldtimer
Von H. P. Tillenburg. Geb., DM 9,80
64 Seiten, über 50 Farbabb., Best.-Nr. 5019

Desserts und süße Leckerbissen
Von Margit Gutta. Geb., DM 9,80
64 Seiten, 38 Farbabb., Best.-Nr. 5020

Kakteen
Von Werner Hoffmann. Geb., DM 9,80
64 Seiten, 67 Farbabb., Best.-Nr. 5021

Österreichische Küche
Von Helga Holzinger. Geb., DM 9,80
64 Seiten, 35 Farbabb., Best.-Nr. 5022

Zimmerpflanzen
Von Inge Manz. Geb., DM 9,80
64 Seiten, 98 Farbabb., Best.-Nr. 5010

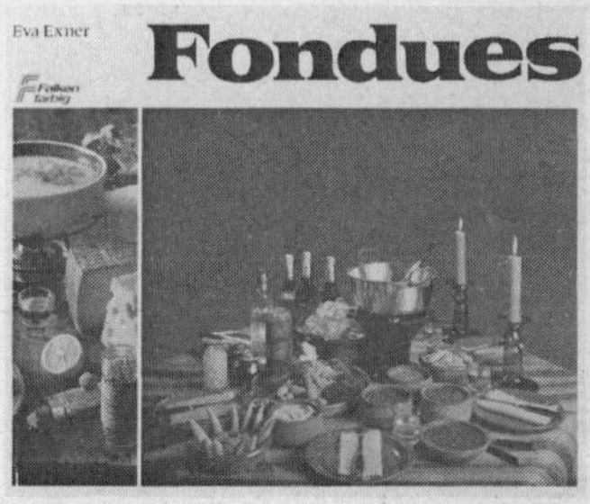

Fondues
Von Eva Exner. Geb., DM 9,80
64 Seiten, 20 Farbabb., Best.-Nr. 5006

Weiterhin sind in dieser Reihe erschienen:

für Hobbyköche und Genießer:

Grillen (Best.-Nr. 5001)
Salate (Best.-Nr. 5002)
Der schön gedeckte Tisch (Best.-Nr. 5005)
Chinesisch kochen (Best.-Nr. 5011)
Kalte Platten (Best.-Nr. 5015)
Französisch kochen (Best.-Nr. 5016)
Mixen (Best.-Nr. 5017)

für Garten- und Blumenfreunde:

Gärtnern für Anfänger (Best.-Nr. 5004)
Blumenpracht im Garten (Best.-Nr. 5014)

für Hobby und Freizeit:

Aquarienfische (Best.-Nr. 5003)
Heiße Öfen (Best.-Nr. 5008)
Segeln (Best.-Nr. 5009)
Die Selbermachers renovieren ihre Wohnung (Best.-Nr. 5013)
Tanzstunde (Best.-Nr. 5018)

für Kinder:

Lirum, larum, Löffelstiel (Best.-Nr. 5007)
Zeichnen und malen leicht gemacht (Best.-Nr. 5012)

GESUNDHEIT UND SCHÖNHEIT

			DM
0110	**Fibel für Zuckerkranke.** Von Dr. med. Th. Kantschew, 132 S., Zeichn. und Tab.	kart.	6,80
0106	**Die Leber- und Gallenleiden.** Von Dr. med. W. Rohrbach, Dr. med. F. Hube. 72 S.	kart.	6,80
0259	**Gesund und schön.** Kosmetikbrevier für die moderne Frau. Von Johanna Gottschalk, 120 Seiten, etwa 80 Zeichnungen und Fotos	kart.	6,80

KARTEN-, UNTERHALTUNGS- UND ANDERE SPIELE

0095	**Neues Buch der Kartenspiele.** Von K. Lichtwitz, 84 Seiten	kart.	4,80
0206	**Das Skatspiel.** Von K. Lehnhoff, bearbeitet von Alt-Skatmeister P. A. Höfges, 96 S.	kart.	4,80
0141	**Die Bridge-Fibel.** Von H. Landsberg, 144 Seiten	kart.	9,80
0104	**Das Schachspiel.** Von W. Wollenschläger, 72 Seiten, Diagramme	kart.	4,80
0219	**Taktik und Probleme des Schachspiels.** Von R. Teschner, 96 Seiten, viele Schachdiagramme	kart.	5,80
0121	**Roulette richtig gespielt.** Von M. Jung, 96 Seiten, zahlreiche Tabellen	kart.	6,80
0270	**Spiele für zwei Personen.** Von I. Wolter, 148 Seiten, viele Zeichnungen	kart.	6,80
0202	**Spiele für unsere Kleinen.** Von D. Kellermann, 84 Seiten, Skizzen und Noten . .	kart.	4,80

FALKEN FARBIG

5001	**Grillen.** Von Inge Zechmann, 64 Seiten, 38 Farbabb.	gbd.	9,80
5002	**Salate.** Von Inge Zechmann, 64 Seiten, 47 Farbabb.	gbd.	9,80
5003	**Aquarienfische des tropischen Süßwassers.** Von Hans J. Mayland, 64 Seiten, 98 Farbabb.	gbd.	9,80
5004	**Gärtnern für Anfänger.** Von Inge Manz, 64 Seiten, 38 Farbabb.	gbd.	9,80
5005	**Der schön gedeckte Tisch.** Von R. Stender, 64 S., 62 Farbabbildungen	gbd.	9,80
5006	**Fondues.** Von Eva Exner, 64 Seiten, 20 Farbabbildungen	gbd.	9,80
5007	**Lirum, larum Löffelstiel.** Ein Kinderkochkursus. Von I. Becker, 64 Seiten, 50 vierfarbige Abb. und Illustrationen, Spiralheftung	kart.	7,80
5008	**Heiße Öfen.** Von H. Briel, 64 S., 63 Farbabb.	gbd.	9,80
5009	**Segeln.** Von Horst Müller, 64 S., 40 Farbabb.	gbd.	9,80
5010	**Zimmerpflanzen.** Von I. Manz, 64 S., 98 Farbabb.	gbd.	9,80
5011	**Chinesisch kochen.** Von K.-H. Haß, 64 S., 33 Farbabb.	gbd.	9,80
5012	**Zeichnen und malen leicht gemacht.** Von C. Timm, 64 S., 120 Farbabb.	gbd.	9,80
5013	**Die Selbermachers renovieren ihre Wohnung.** Von W. Köhnemann, 148 S., viele Farbabb.	kart.	14,80
5014	**Blumenpracht im Garten.** Von Inge Manz, 64 Seiten, 93 Farbabb.	gbd.	9,80
5015	**Kalte Platten – Kalte Büfetts.** Von Margit Gutta, 64 Seiten, 33 Farbabb.	gbd.	9,80
5016	**Französisch kochen.** Von Margit Gutta, 64 Seiten, 35 Farbabb.	gbd.	9,80
5017	**Mixen mit und ohne Alkohol.** Von Holger Hofmann, 64 Seiten, 35 Farbabb. . . .	gbd.	9,80
5018	**Tanzstunde.** Von Gerhard Hädrich, 118 Seiten, ca. 370 Fotos und Schrittskizzen .	gbd.	15,–
5019	**Oldtimer.** Die technische Entwicklung des Autos. Von H. P. Tillenburg, 64 Seiten, über 50 Fotos	gbd.	9,80
5020	**Desserts und süße Leckerbissen.** Von M. Gutta, 64 Seiten mit 38 Farbabb.	gbd.	9,80
5021	**Kakteen. Herkunft, Anzucht, Pflege.** Von Werner Hoffmann, 64 Seiten mit 67 Farbabbildungen	gbd.	9,80
5022	**Österreichische Küche.** Von Helga Holzinger, 64 Seiten mit 35 Abb.	gbd.	9,80

FALKEN + ASS

2001	**Kartenspiele.** Von C. D. Grupp, 144 Seiten	kart.	7,80
2002	**Spielend Schach lernen.** Von Th. Schuster, 128 Seiten	kart.	6,80
2003	**Patiencen in Wort und Bild.** Von I. Wolter, 136 S.	kart.	7,80
2004	**Spieltechnik im Bridge.** Von V. Mollo / N. Gardener, deutsche Adaption von D. Schröder, etwa 200 Seiten	kart.	16,80
2005	**Alles über Skat.** Von G. Kirschbach, 144 Seiten	kart.	7,80
2006	**Gesellschaftsspiele für drinnen und draußen.** Von Heinz Görz, 128 S.	kart.	6,80
2007	**Würfelspiele.** Von Friedrich Pruss, 112 Seiten	kart.	6,80
2008	**Backgammon für Anfänger und Könner.** Von G. W. Fink und G. Fuchs, 112 Seiten, viele Zeichnungen	kart.	9,80
2009	**Kinderspiele, die Spaß machen.** Von H. Müller-Stein, 112 Seiten mit vielen Abb.	kart.	6,80
2010	**Kartentricks.** Von T. A. Rosée, 80 Seiten, viele Zeichnungen	kart.	5,80

Falken Sachbücher

FAMILIE UND FREIZEIT

Das Aquarium
Einrichtung, Pflege und Fische für Süß- und Meerwasser

352 Seiten mit über 200 Farbabbildungen und Farbtafeln sowie 150 Zeichnungen und Skizzen
DM 36,– (Best.-Nr. 4029)

Moderne Fotopraxis
Bildgestaltung · Aufnahmepraxis · Kameratechnik · Fotolexikon

360 Seiten mit über 200 Abbildungen, davon 50 vierfarbig
DM 29,80 (Best.-Nr. 4030)

Der praktische Hausarzt

768 Seiten, über 550 Abbildungen und 16 Farbtafeln
DM 19,80 (Best.-Nr. 4011)

Ikebana-modern
Die Kunst des Blumenarrangierens

168 Seiten, davon 40 ganzseitige Vierfarbtafeln und viele Zeichnungen, DM 36,– (Best.-Nr. 4031)

Großes Kräuter- und Gewürzbuch

608 Seiten, 40 Farbtafeln und etwa 300 Abbildungen, gebunden DM 26,– (Best.-Nr. 4026)
Eine Zusammenstellung von über 300 Kräutern und ihre Anwendung als Heilpflanzen und Gewürze

Zeitgemäße Beschäftigung mit Kindern

512 Seiten, 16 Farbtafeln,
DM 29,80 (Best.-Nr. 4025)

Basteln und werken
mit tesa – farbenfroh und kinderleicht

256 Seiten, über 300 vierfarbige Abbildungen, Pappband,
DM 22,– (Best.-Nr. 4018)

DIE GROSSEN FALKENBÜCHER

4003 **Ich bekomme ein Kind**

Von Ursula Klamroth und Wibke Bruhns unter Mitarbeit mehrerer Fachärzte. 268 Seiten, 90 Fotos und 32 Grafiken, gbd., vierfarbiger Schutzumschlag, DM 16,80

4009 **Großes Buch festlicher Reden und Ansprachen**

Eine Mustersammlung insbesondere für öffentlich-rechtliche und wirtschaftliche Veranstaltungen. Unter Mitwirkung zahlreicher Fachautoren, herausgegeben von Dipl.-Kfm. Frank Sicker. 448 Seiten, Lexikon-Format, Ganzleinen gebunden. DM 34,–

4011 **Der praktische Hausarzt**

Ein hausärztlicher Ratgeber. Unter Mitarbeit vieler Fachärzte koordiniert von Dr. Eric Weiser. 700 Seiten, über 500 Fotos und Zeichnungen sowie 16 mehrfarbige Bildtafeln. Format 17 x 24 cm, Festband, cellophanierter Schutzumschlag, DM 19,80.

Aus dem Inhalt: Bau und Funktion des menschlichen Körpers – Gesunde Lebensweise – Natürliche Hygiene des Geschlechts- und Ehelebens – Gesundheitspflege der Frau, des Säuglings und Kindes – Der kranke Mensch und seine Behandlung – Das Naturheilverfahren und praktische Ratschläge für Krankheit und Unfall – Erste Hilfe bei Unfällen – Die verschiedenen Diätformen.

4013 **Judo – Grundlagen des Stand- und Bodenkampfes**

Geschlossener Lehrgang sämtlicher Judo-Techniken von W. Hofmann. 228 Seiten, fast 600 Fotos, Großformat, gebunden DM 26,–

Wolfgang Hofmann ist Deutschlands erfahrenster Judo-Fachmann. Nach 12 deutschen und 3 Europa-Meisterschaften krönte er seine sportliche Laufbahn mit der Silbermedaille bei der Olympiade in Tokio.

4014 **Moderne Korrespondenz**

Von H. Kirst und W. Manekeller. 568 Seiten, gebunden DM 36,–

Durch bessere Briefe mehr Erfolg! Hier liegt der umfassende Ratgeber aus der Praxis für die Praxis unter Berücksichtigung aller Formen und DIN-Normen vor.

4015 **Umgangsformen heute**

Die Empfehlungen des Fachausschusses für Umgangsformen. 308 Seiten, ca. 150 Fotos und 50 Abbildungen, gebunden, DM 24,–

4018 **Basteln und werken mit tesa**

Farbenfroh und kinderleicht. Von Friedericke Baresel-Anderle. 256 Seiten, über 300 vierfarbige Abbildungen, Pappband, DM 22,–

Über 200 Bastelanleitungen für die verschiedensten Materialien: Papier, Karton, Pappe, Filz, Leder, Holz, Kreide, Draht und Metall sowie für Materialien aus der Natur und dem Haushalt.

4022 **Der große Rätselknacker**

Über 100 000 Rätselfragen. Zusammengestellt von H.-J. Winkler, 544 Seiten, Lexikonformat, kart. DM 19,80

4024 **Flugzeuge**

Von E. Angelucci, deutsche Bearbeitung von Edouard Schartz. 288 Seiten, viele Farbabbildungen, Balacron-gbd. DM 36,–
1000 Maschinen aus aller Welt mit sämtlichen technischen Daten – vom ersten Fluggerät bis zum Überschalljet.

4025 **Zeitgemäße Beschäftigung mit Kindern**
Von Ingeborg Rathmann. 496 Seiten, über 400 Abb., gebunden DM 29,80
Vielfältige Anregungen zum Spielen, Lernen und zur Unterhaltung für kleine und große Kinder.

4026 **Großes Kräuter- und Gewürzbuch**
Von Heinz Görz. 648 Seiten, über 200 Zeichnungen, farbig, geb. DM 26,–
Heilkräuter-Erkennung und ihre Anwendung, Gewürzgewinnung, Lagerung und Verarbeitung. Mit vielen Rezepten.

4027 **Preiswert kochen**
Von Eva Exner, 208 Seiten, 8 Farbtafeln, geb. DM 19,80
400 Rezepte und praktische Tips für sparsame Hausfrauen. Ratschläge für Vorratshaltung, Resteverwertung und preisgünstige Sonderangebote je nach Jahreszeit.

4028 **Karate-Do**
Das Handbuch des modernen Karate.
Von Albrecht Pflüger, 360 Seiten, über 1100 Abb., geb. DM 28,–
Eine umfassende und mit über 1100 Abbildungen illustrierte Darstellung des modernen Karate für Anfänger, Fortgeschrittene und Meister.

4029 **Das Aquarium**
Einrichtung, Pflege und Fische für Süß- und Meerwasser. Von Hans J. Mayland, 352 Seiten mit über 200 Farbabbildungen und Farbtafeln sowie 150 Zeichnungen und Skizzen, Format 19,5 x 21 cm, Balacron mit vierfarbigem Schutzumschlag, abwaschbare Polyleinprägung, DM 36,–

4030 **Moderne Fotopraxis**
Bildgestaltung – Aufnahmepraxis – Kameratechnik. Fotolexikon. Von Wolfgang Freihen, 360 Seiten mit über 200 Abbildungen, davon 50 vierfarbig, Format 19,5 x 21 cm, Balacron mit vierfarbigem Schutzumschlag, abwaschbare Polyleinprägung, DM 29,80

4031 **Ikebana modern**
Die Kunst des Blumenarrangierens. Von G. Vocke, 168 S., davon 40 ganzseitige Vierfarbtafeln und viele Zeichnungen, Format 21 x 26 cm. Ganzleinen mit vierfarbigem, cellophaniertem Schutzumschlag, DM 36,–

FALKEN BUNTE WELT

4101 **Feuerwaffen**
Von Richard Akehurst. 128 Seiten, 170 vierfarbige und schwarz-weiße Abbildungen, gebunden DM 19,80

4102 **Edelsteine und Mineralien**
Von I. O. Evans, 128 Seiten, 140 vierfarbige und schwarz-weiße Abbildungen, gebunden DM 19,80

4103 **Pferde**
Von Judith Campbell. 140 Seiten, 154 vierfarbige und schwarz-weiße Abbildungen, gebunden DM 19,80

4103 **Wildtiere Europas**

Von Maurice Burton, deutsche Bearbeitung Michael Geisthardt, 172 Seiten 230 farbige Abbildungen, geb. DM 24,–

Die heute in Europa in freier Natur lebenden Tiere werden in einer Fülle prächtiger vierfarbiger Bilder vorgestellt.

4105 **Antiquitäten**

Von Peter Philp. 144 Seiten mit über 250 Abbildungen, davon ca. 75 vierfarbig gebunden, DM 19,80

4106 **Indianer**

Von Royal B. Hassrick, 144 Seiten mit 200 Fotos, teils in Farbe, geb., DM 19,80

Wilhelm Busch-Ausgaben

3028	**Wilhelm-Busch-Album.** 405 Seiten, 1700 farbige Abb.	Ln.	DM 36,–
3062	**Humoristischer Hausschatz.** Von W. Busch, 368 S., 1600 Abb.	gbd.	DM 16,80
3032	**Kritik des Herzens.** Von W. Busch, 100 Seiten	gbd.	DM 9,80
3034	**Schein und Sein.** Gedichte, von W. Busch, 114 Seiten	Ln.	DM 9,80

Sonderausgaben

9041	**Das große Gartenbuch.** Von J. K. Gassner. 320 Seiten, viele ein- und mehrfarbige Abbildungen. Großformat.	gbd.	DM 12,80
9038	**Gut kochen.** Von Stefanie Michael. Über 500 Rezepte mit genauer Kalorienangabe auf 230 Seiten mit 16 Farbtafeln. . . .	gbd.	DM 9,80

Falls durch Preiserhöhungen der Lieferanten Änderungen erforderlich werden, erfolgt Auftragserledigung zu dem bei Lieferung gültigen Preis.

Alle hier genannten Preise entsprechen dem Stand bei Drucklegung dieses Verzeichnisses.

FALKEN-VERLAG ERICH SICKER KG · 62 WIESBADEN

BESTELLSCHEIN (Bitte ausschneiden und als Briefdrucksache frankiert im Umschlag einsenden)

Ich bestelle hiermit aus dem Falken-Verlag, 62 Wiesbaden, Postfach 2449 durch die Buchhandlung

.... Ex. ....

.... Ex. ....

.... Ex. ....

.... Ex. ....

.... Ex. ....

Name: .... Ort: ....

Beruf: .... Straße u. Nr. ....

Datum: .... Unterschrift: ....